2023

Training

mit Original-Prüfungen

Realschule Niedersachsen

Englisch 10. Klasse

LÖSUNGEN

W0211751

STARK

17. neu bearbeitete und ergänzte Auflage
www.stark-verlag.de

Inhalt

Lösungen zu den Original-Aufgaben der Abschlussprüfung

Sobald die Original-Prüfungsaufgaben 2022 freigegeben sind, können sie als PDF auf der Plattform MyStark heruntergeladen werden (Zugangscode vgl. Umschlaginnenseite).

Autorinnen und Autoren der Lösungsvorschläge:

Grundwissen: Patrick Charles, Walter Düringer, Elke Lüdeke, Paul Jenkinson, Redaktion
Listening: Paul Jenkinson, Redaktion
Reading: Paul Jenkinson, Redaktion
Mediating: Paul Jenkinson, Redaktion
Writing: Heinz Gövert, Paul Jenkinson, Caroline Neu-Costello, Redaktion
Speaking: Birte Bendrich, Redaktion
Abschlussprüfungen: Birte Bendrich

Vorwort

Liebe Schülerin, lieber Schüler,

dieses Buch ist der Lösungsband zum Buch *Original-Prüfungen und Training Abschlussprüfung – Realschule Niedersachsen – Englisch 10. Klasse* (Best.-Nr. C03150). Es enthält ausführliche und kommentierte Lösungsvorschläge zu den Aufgaben.

Die Lösungen ermöglichen es dir, deine Leistung einzuschätzen. Es handelt sich um **Lösungsvorschläge**, die dir zeigen, wie man die Aufgaben richtig und umfassend beantworten kann. Das heißt, dass – außer bei den geschlossenen Aufgaben (wie z. B. *multiple choice* und *true or false*) – auch andere Lösungen als die hier abgedruckten möglich sind. Wichtig ist, dass du die Hinweise beachtest, die in der Aufgabenstellung genannt sind, und alles **vollständig** und **richtig** bearbeitest.

Außerdem gilt: Versuche stets, die Aufgabe zunächst **selbstständig** zu lösen, und sieh nicht gleich in der Lösung nach. Wenn du nicht weiterkommst, helfen dir die mit der grauen Raute markierten **Hinweise und Tipps** zu der jeweiligen Aufgabe. Nachdem du sie gelesen hast, solltest du unbedingt selbstständig weiterarbeiten. Am Schluss solltest du deine Lösung in jedem Fall mit der hier angebotenen Lösung vergleichen und deine eigenen Ergebnisse kontrollieren und ggf. korrigieren oder ergänzen. Lies zu allen Aufgaben, die du nicht richtig lösen konntest oder bei denen du dir unsicher warst, noch einmal die allgemeinen Erläuterungen in dem entsprechenden Kapitel im Trainingsband.

Viel Spaß beim Üben und vor allem viel Erfolg in der Prüfung!

▶ Lösungen zum Bereich „Grundwissen“

Lösungen zum Bereich „Grundwissen – Grammatik“

Hinweis: Auf der Plattform MyStark hast du über den zugehörigen Band „Original-Prüfungen und Training Abschlussprüfung – Realschule Niedersachsen – Englisch“ Zugriff auf eine digitale Kurzgrammatik. Du kannst die Grammatik als Online-Nachschlagewerk nutzen oder als PDF herunterladen.
Zu einigen Themen stehen dir zusätzlich Lernvideos auf MyStark zur Verfügung.
Gehe am besten so vor:
Die Übungsaufgaben 1 bis 21 beziehen sich jeweils auf bestimmte grammatische Strukturen. Wenn du hier noch Schwierigkeiten haben solltest, lies zunächst das entsprechende Kapitel in der digitalen Kurzgrammatik durch oder sieh dir das zugehörige Lernvideo an, bevor du die Aufgaben löst. Das relevante Kapitel (bzw. zugehörige Video) ist jeweils in der Aufgabe und im „Hinweis“ zur Lösung angegeben. Bei den Aufgaben 22 und 23 handelt es sich um „mixed grammar exercises“. In diesen Lückentexten kommen verschiedene Bereiche der Grammatik vor. Du kannst also überprüfen, wie sicher du die Grammatikregeln schon anwenden kannst.

Aufgabe 1

Hinweis: Sieh dir die Situation auf dem Bild genau an und überlege, jeweils welche Präposition zu den Sätzen a) bis f) passt. Falls du denkst, dass mehrere Präpositionen für eine Lücke infrage kommen, gehe zu den nächsten Sätzen und entscheide dich erst, wenn du die anderen Lücken gefüllt hast. Wenn du im Ausschlussverfahren vorgehst, gibt es überall nur eine mögliche Lösung. Erklärungen und Beispiele zu den Präpositionen findest du in der Kurzgrammatik unter 1.4.

a) The family is sitting **in front of** their tent, **beside** their car.

b) Everybody is **outside**; there is no one **inside** the tent.

c) There is a tree **behind** the car.

d) The little girl is sitting **between** her sister and brother.

e) There's lots of food **on** the table and a bowl of water **under** the table.

f) The father is looking **at** the dog.

Aufgabe 2

Hinweis: Hier musst du selbst überlegen, welche Präpositionen in die Lücken passen. Achtung, zahlreiche Verben stehen immer mit bestimmten Präpositionen (z. B. „to wait for", „to pick up"); diese solltest du auch gleich als Einheit lernen und am besten so in dein Vokabelheft oder Karteisystem eintragen.

a) I got a letter **from** my brother today. He put the wrong stamps **on** the letter. As no one was **at** home when the postman came, he left a note **on/at** the front door. I had to go **to** the post office and pick **up** the letter myself. I had to pay 50 p **for** the extra postage.

b) It happened **on** 31st zumOctober, **at** about nine o'clock **in** the evening. Amy had been waiting **for** her boyfriend **for** what seemed like hours. He had said he'd be there **by** six at the latest. She was just about to go **back** home, when he suddenly appeared right **next to/in front of/behind** her. Of course she was scared – but what else should you be **on** Halloween?

Aufgabe 3

Hinweis: Konjunktionen dienen dazu, das Verhältnis zwischen Sätzen bzw. Satzteilen deutlich zu machen. Überlege bei jeder Lücke, ob eine zeitliche Beziehung ausgedrückt werden soll (z. B. mit „after", „before" usw.) oder vielleicht ein Gegensatz (z. B. „but") oder eine Einschränkung (z. B. „although"). Die verschiedenen Bedeutungen und die Verwendung der Konjunktionen kannst du im Kapitel 1.5 der Grammatik nachschlagen.

a) **As soon as** James McAlister has finished school, he is **both** going to apply for an internship with the American company Open Access Music Library, **and** take a job with the Scottish firm UnlimitedAccess.co.uk. **Although** he is in Scotland, he will be able to work with the American company online, **but** he will have to fly to the States to present himself **before** he can start to work for them.

b) **As** Caroline's mother is a journalist, that is the last thing Caroline wants to become! **After** finishing school Caroline is going to study medicine in London, **and** then she hopes she will be able to get some practical experience working in America **or** Canada. **While** still at school she has been doing some voluntary work at a hospital near her home. **Before** she can study medicine, though, she really needs to study hard.

Aufgabe 4

✎ *Hinweis: Falls du Probleme bei der Verwendung der modalen Hilfsverben hast, hilft dir Kapitel 1.6 der Kurzgrammatik weiter. In Teilaufgabe a) geht es um die Modalverben im „present tense", bei Aufgabe b) musst du auch die Ersatzformen der Modalverben kennen, die du z. B. für die Bildung der Vergangenheit oder Zukunft brauchst.*

a) We **can** fly or go by train, but we **can't** go during your exams – that's clear – so we'll go on 26th July for a week. If you want to go to London, you **have to/must** return the form to me by Monday. You **needn't** bring any money until next week – I'm not collecting it before then. But don't forget, I **must/have to** have the forms on Monday.

b)
1 can't
2 May
3 will be able to
4 might
5 has to
6 can't
7 needn't
8 is allowed to
9 could
10 would
11 should
12 will be allowed to
13 mustn't
14 could
15 would

Aufgabe 5

✎ *Hinweis: Das „present progressive" wird hier verwendet, um zu beschreiben, was auf einem Bild gerade passiert. Wenn du dir bei der Bildung dieser Zeitform nicht mehr sicher bist, sieh in der Grammatik in Kapitel 2.1 unter „present progressive" nach.*

a) The man in the van **is selling** ice creams.

b) The ice-cream man **is looking** out of the side window.

c) Another man **is standing** behind the ice-cream van.

d) The man behind the ice-cream van **is calling/is phoning** a friend.

e) No one **is buying** an ice cream.

f) The ice-cream man **is waiting** for customers.

Aufgabe 6

Hinweis: Beispiele zu den Signalwörtern für die Verwendung des „simple present“ oder des „present progressive“ findest du in der Grammatik unter 2.1.

a) Karen always **walks** to school.

b) She **is carrying** her large school bag now.

c) Karen and her family **are flying** to England this year. Normally, they **drive** there.

d) Karen's dad **is working** on his computer at the moment. When he is busy he never **talks/speaks** to anybody.

Aufgabe 7

Hinweis: In dieser Aufgabe werden die unregelmäßigen Vergangenheitsformen abgefragt. Bestimmt hast du in deinem Englischbuch eine Übersicht über die unregelmäßigen Verben; auch in den Kapiteln 2.1 und 3.4 der Kurzgrammatik findest du einige Beispiele. Du musst sie auswendig lernen. Vielleicht hilft es dir, die unregelmäßigen Verben in deine Vokabelkartei aufzunehmen.

	simple past	**present perfect**
a) be	was/were	has/have been
b) have	had	has/have had
c) say	said	has/have said
d) go	went	has/have gone
e) take	took	has/have taken
f) write	wrote	has/have written
g) buy	bought	has/have bought

Aufgabe 8

Hinweis: Es ist wichtig, dass du diese Signalwörter gut kennst. Sie helfen dir, die zeitliche Situation richtig einzuordnen und die passende Zeitform auszuwählen. Du solltest sie am besten auswendig kennen, denn dies spart dir in Klassenarbeiten und in der Prüfung viel Zeit. Falls du hier Fehler gemacht hast, sieh dir die Signalwörter noch einmal gut an und wiederhole die Übung in einigen Wochen.

simple past	present perfect
five years ago in 2010 last month last week yesterday	already ever for three weeks how long just not ... yet since May

Aufgabe 9

Hinweis: Das deutsche Wort „seit“ kannst du im Englischen mit „since“ oder „for“ ausdrücken. Welches Wort passt, hängt davon ab, ob ein Zeitpunkt oder eine Zeitspanne beschrieben wird. Für einen Zeitpunkt verwendest du „since“, für einen Zeitraum „for“. Wenn dir die Unterscheidung schwerfällt, hilft dir das Lernvideo weiter.

since 2012

for six days

since last weekend

for three hours

since last summer

since my birthday

since Easter

for a long time

for many years

for seven days

Aufgabe 10

Hinweis: Bei dieser Aufgabe helfen dir die Signalwörter aus Aufgabe 8, die richtige Zeit auszuwählen. Bei den Teilaufgaben b) und e) solltest du die „progressive“-Form verwenden, da hier die Dauer der Handlung im Vordergrund steht (vgl. auch Kapitel 2.1 der Kurzgrammatik).

a) Yesterday, I **went** to the cinema.

b) She **has been writing** since 3 o'clock.

c) He **has** just **finished** his homework.

d) It was many years ago that I **visited** America.

e) How long **have** you **been waiting**?

f) In 1999 we **drove** to Italy. Then two years ago we **flew**. We **have** not **been** there since then.

g) Last week we **had** our last English lesson before our exams.

Aufgabe 11

Hinweis: Um zu entscheiden, ob du „simple past" oder „past perfect" verwenden musst, musst du immer überlegen, welche Handlung zuerst stattfand. Manchmal helfen dir Wörter wie „after" oder „before" dabei, manchmal musst du das aber auch aus dem Zusammenhang erschließen. Wenn du zwei Handlungen vergleichst, die zu verschiedenen Zeiten in der Vergangenheit passierten, so steht die frühere („vorzeitige") Handlung im „past perfect" und die spätere im „simple past". Die Regeln zur Bildung und Verwendung dieser Zeitformen findest du auch in der Kurzgrammatik im Kapitel 2.1.

a) After Ellis Island **had served** as a fort and execution site it **became** an immigration center in 1892.

b) It was there that doctors and officials **decided** the futures of all those who **had left** Europe in the hope of a new life in America.

c) After they **had passed** through the baggage room, the newcomers **climbed** the long stairs up to the Great Hall.

d) Once the doctors **had examined** everybody, officials **came** and **questioned** them.

e) When they **had given** the right answers, they **started** to explore the New World.

Aufgabe 12

Hinweis: In den Aufgaben 5 bis 11 hast du die verschiedenen Zeitformen der Gegenwart und Vergangenheit geübt. In dieser gemischten Aufgabe kannst du nun überprüfen, wie sicher du die verschiedenen Formen anwenden kannst. Als Hilfestellung sind in der Musterlösung die Signalwörter unterstrichen. Mache aber nicht den Fehler, dich blind auf die Signalwörter zu verlassen und „automatisch" bestimmte Formen einzusetzen. Denke dich immer in die Situation des Textes hinein und versuche, die zeitlichen Zusammenhänge nachzuvollziehen. Beachte, dass in einem Blog immer der aktuellste Eintrag oben steht.

Falls du noch Fragen hast, wann man welche Form verwendet, hilft dir das Kapitel 2.1 der Kurzgrammatik weiter. Bei vielen Lücken geht es um den Unterschied zwischen „simple past" und „present perfect". Zu diesem Thema gibt es übrigens auch ein Lernvideo.

July 3rd

We**'d been travelling/were travelling/(had) travelled** all day and arrived in Dover just in time for the ferry. We**'d been planning/'d planned** to sleep on the ferry but it **wasn't** really possible. We **got off** at Calais at about 3 o'clock this morning. Now we have to **wait** here in the ferry terminal for a few hours. Our bus **doesn't leave** until 6 o'clock.

June 17th

Someone **told** me a few days ago to buy a rail card. I **looked** on the internet last night and I **discovered** it **costs** £ 250 but it **means** we can **travel** by train anywhere in Europe for a month – and **sleep** on the trains overnight, too.

June 15th

Tina and I **have been buying/have bought** lots of things for our trip; I hope we can carry everything. Tina **doesn't have** a lot of money so we're going to camp. We **borrowed** a tent and two rucksacks last weekend from my parents. But I **don't know** which clothes to take with me.

June 1st

I**'ve been living/'ve lived** in my student flat since September. I**'ve met** a lot of people and I now **have** many new friends. I **asked** Tina yesterday if she wanted to come with me to the Continent in the summer holidays. She **said** she'd love to come.

Aufgabe 13

Hinweis: Bei zukünftigen Handlungen musst du überlegen, ob sie geplant sind („going to-future"), oder ob es sich um einen spontanen Entschluss, eine Vorhersage oder ein Ereignis handelt, das in der Zukunft eintreten wird, ohne dass man das beeinflussen kann („will-future"). Eine ausführlichere Erklärung zu den Zeitformen der Zukunft findest du am Ende von Kapitel 2.1 der Grammatik oder im Lernvideo. Dass man manchmal auch „simple present" oder „present progressive" für zukünftige Handlungen verwenden kann, brauchst du in dieser Aufgabe nicht zu berücksichtigen.

a) I'll send Karen an e-mail.
Hinweis: Wie auf dem Notizzettel angegeben, ist die E-Mail eine spontane Idee. Daher verwendet man das „will-future".

b) I'm going to go to Venice on 27th December.
Hinweis: Eine geplante Reise ist ein typisches Beispiel für die Verwendung des „going to-future".

c) I'm going to go to the cinema with friends.
Hinweis: Auch die Verabredung mit Freunden fürs Kino ist ein Plan für die Zukunft. Daher musst du das „going to-future" verwenden.

d) I'm going to go to the dentist tomorrow at 4.30 p.m.
Hinweis: Der Zahnarztbesuch ist ebenfalls ein Plan. Da hier schon ein Termin vereinbart wurde, ist das „going to-future" die richtige Zeitform.

e) Next week the school holidays will start.
Hinweis: Der Ferienbeginn ist ein Ereignis in der Zukunft, auf das man keinen Einfluss hat. Hier wird das „will-future" verwendet.

f) Grandma will be 70 next month.
Hinweis: Altersangaben in der Zukunft sind ebenfalls typische Beispiele für Ereignisse, die man nicht beeinflussen kann. Somit ist auch in diesem Fall das „will-future" die richtige Wahl.

g) I'm going to meet Luke at 11 o'clock.
Hinweis: Eine Verabredung ist ein geplantes Ereignis in der Zukunft. Hier ist es erforderlich, das „going to-future" zu verwenden.

h) I'll buy Julie a present sometime next week.
Hinweis: Dieses Vorhaben ist kein richtiger Plan. Du erkennst dies an der ungenauen Zeitangabe „sometime next week". In einem solchen Fall steht das „will-future".

Aufgabe 14

Hinweis: Bei dieser Aufgabe geht es ebenfalls um verschiedene Zeitformen, die allerdings im Passiv stehen. Falls du die Regeln zu den Passivformen noch einmal wiederholen möchtest, sieh dir das Lernvideo an und/oder lies dir Kapitel 2.2 in der Grammatik durch.

1 will be decorated
Hinweis: Die Zeitangabe „next week“ weist auf eine Handlung in der Zukunft hin. → „will-future“

2 have to be done
Hinweis: Die Angabe „before then“ bezieht sich auf „next week“, d. h., etwas muss (= „to have to“) noch bis nächste Woche getan werden.

3 has been given
Hinweis: Das Adverb „already“ zeigt, dass die Handlung schon in der Vergangenheit begonnen hat und noch andauert. → „present perfect“

4 has been moved
Hinweis: Die Handlung bezieht sich auch auf „already“ (vgl. vorhergehenden Satz), d. h., sie hat in der Vergangenheit begonnen und man kann evtl. ein Ergebnis sehen: Die Möbel stehen nicht mehr in der Wohnung bzw. sind zur Seite geräumt worden. → „present perfect“

5 will be taken off
Hinweis: Das Wort „later“ weist darauf hin, dass die Handlung erst noch stattfinden wird. → „will-future“

6 was last painted
Hinweis: „Many years ago“ ist ein Signalwort für eine abgeschlossene Handlung. → „simple past“

7 was given
Hinweis: „Last year“ verweist auf eine vergangene Handlung, die abgeschlossen ist. → „simple past“

8 will be covered up
Hinweis: „Soon“ ist ein Hinweis darauf, dass die Handlung erst noch stattfinden wird. → „will-future“

9 has been done
Hinweis: „Once“ ist hier eine Konjunktion mit der Bedeutung „sobald“. Es zeigt hier an, dass eine Handlung gerade vorbei sein wird. → „present perfect“

10 has been completed
Hinweis: Auch mit „until“ (= „bis“) wird eine Handlung beschrieben, die in der Zukunft gerade vorbei sein wird. → „present perfect“

Aufgabe 15

Hinweis: Bei diesen Sätzen musst du aufpassen, dass du das Verb in die richtige Zeit setzt. Beachte die Signalwörter, die dir Hinweise auf die Zeit geben.

a) English **is spoken** all over the world.
Hinweis: Die Aussage bezieht sich auf die Gegenwart.

b) Last week a new crew **was sent** up to the ISS.
Hinweis: „Last week" ist ein Signalwort für „simple past".

c) Up to now Atlantis **has not been discovered**.
Hinweis: „Up to now" weist auf eine Handlung hin, die noch nicht abgeschlossen ist. → „present perfect"

d) The door should always **be locked**.
Hinweis: Die Lücke folgt hier auf das modale Hilfsverb „should", d. h., du musst einen Infinitiv im Passiv bilden.

Aufgabe 16

Hinweis: In der Kurzgrammatik (Kapitel 3.1 bis 3.3) findest du viele Beispiele für Ausdrücke, auf die entweder der Infinitiv oder die -ing-Form folgt. Allerdings enthält die Grammatik natürlich nicht alle englischen Verben; du solltest daher immer gleich in deinem Vokabellernsystem notieren, ob ein Verb mit Infinitiv oder mit der -ing-Form (oder mit beidem) verwendet wird.

❶ **Climbing** is a good sport, but you have **to be** fit. If you want to learn **to climb**, it's probably best to start **doing/to do** it on a climbing wall. There is no chance **of falling** very far because you'll have a rope **to stop/stopping** you from **doing** that. After **learning to climb** on our wall we'll take you to a real mountain. We look forward **to seeing** you on our course.

❷ **Windsurfing** is fun. On our courses we'll show you how to windsurf from the very beginning – you just shouldn't be afraid **of getting/to get** wet. Before **going** onto the lake you'll learn how **to control** the windsurfer on the land. In this way, you'll avoid **spending** many hours in the lake trying to pull yourself back onto the windsurfer.

❸ Have you ever been on a horse? **Horse(back) riding/Horse-riding/Riding a horse** is a very nice way **to see/of seeing** the countryside. Our horses are friendly and there's very little danger **of having** an accident with one. You'll never forget **getting** onto a horse for the first time.

Aufgabe 17

Hinweis: Bei dieser Aufgabe musst du überlegen, welche Fragen wohl gestellt wurden, um die angegebenen Antworten zu erhalten. Falls du nachlesen willst, wie Fragesätze gebildet werden, sieh in Kapitel 2.1 der Grammatik (unter „Bildung von Fragen im ‚simple present' bzw. im ‚present progressive'") nach. Bei der Wahl der passenden Zeitformen und Verben kannst du dich an der Antwort orientieren und einfach Zeitform und Verb übernehmen.

a) What is the advert for?

b) How many bands are playing?
Hinweis: Die Fragen "Who is playing?" oder "Which bands are playing?" passen nicht, denn dann würde man auch die Namen der Bands in der Antwort erwarten.

c) Where is the party (night)?
or: Where does the party (night) take place?

d) When does the party (night) start?
or: What time does the party (night) begin?

e) How much does the party (night) cost?
or: How much does it cost?
or: How much is a ticket for the party?

f) Why do we / you / people have to leave just / shortly before 3 o'clock?
or: Why does the party (have to) end at 3 a.m.?

Aufgabe 18

Hinweis: Bei dieser Aufgabe musst du die vorgegebenen Sätze verneinen. Du kannst dabei sowohl Kurz- als auch Langformen verwenden. (Zur Bildung der Verneinung in den verschiedenen Zeitformen siehe auch Kapitel 2.1 der Kurzgrammatik.)

a) They are not / aren't learning English.

b) Mary does not / doesn't drive a fast car.

c) We cannot / can't take the next train to Manchester.

d) My homework is not / isn't very hard today.

e) Noah does not / doesn't play football every weekend.

f) I am not / I'm not going to go to the theatre.

g) We have not got/haven't got your telephone number.

h) Jenny will not/won't make the cakes.

i) I did not/didn't read my new book for hours last night.

j) Lucy did not/didn't arrive late for her doctor's appointment.

Aufgabe 19

Hinweis: Bei dieser Aufgabe musst du entscheiden, um welchen Typ von if-Satz es sich jeweils handelt. Welche Typen es gibt und welche Verbformen in Hauptsatz und if-Satz stehen, kannst du in Kapitel 4.2 der Grammatik nachschlagen. Zur Wiederholung dieses Grammatikthemas kannst du dir auch das Lernvideo ansehen.

Hi Amelia,
If I had more time, I **would write/could write/'d write** a much longer e-mail to you. But I haven't, so this will be a short message. If you want a longer one, you **will have/'ll have** to wait until next week!
I was in London last week, as you know. If you **had been/'d been** there, we could have gone to the theatre together. But that's why I'm writing. If you have time, **do you want** to come to the theatre with me next weekend? I noticed two or three more shows that I would love to see. Would you be interested in going if I **got** tickets? If you **are**, phone me tomorrow evening – I can book them online.
Oh, I almost forgot. Maxime **would have come/could have come** with me last week if he hadn't had to fly to Paris to meet his mum ... but he wants to come with us next time if you **don't mind**.
I **will send/'ll send/can send** you the theatre details if you would like to see what's on.

Love, Sam

Aufgabe 20

Hinweis: Denke daran, dass es für die Verbformen in der indirekten Rede entscheidend ist, ob das einleitende Verb (hier z. B. „says", „told us") in der Gegenwart oder in der Vergangenheit steht. Auch bei Adverbien der Zeit (z. B. „today") und des Ortes (z. B. „here") musst du besonders aufpassen. Wenn du die Regeln nicht mehr ganz im Kopf hast, kannst du dir das Lernvideo ansehen und/oder in Kapitel 4.4 der Kurzgrammatik nachlesen.

a) He says that he wants to listen to the radio because his favourite group are in concert today.
Hinweis: Einleitungsverb im „simple present": Die Verben in der indirekten Rede bleiben im „simple present" und auch die Zeitangabe „today" bleibt unverändert. Denke daran, die Pronomen anzupassen (z. B. „I" → „he").

b) She told us (that) she thought the book had been better than the film.
Hinweis: Einleitungsverb im „simple past": Das Verb muss in der indirekten Rede eine Zeitstufe zurückgesetzt werden (z. B. „simple present" → „simple past").

c) He said (that) they had lost the football match the day before. They had played badly.
Hinweis: Einleitungsverb im „simple past": Die Verbformen, Pronomen und die Zeitangabe „yesterday" müssen angepasst werden.

d) The man explained (that) he had been there when the accident had happened. It had been no one's fault.
Hinweis: Einleitungsverb im „simple past": Die Verben und die Ortsangabe „here" werden verändert.

Aufgabe 21

Hinweis: In dieser Aufgabe geht es noch einmal um die indirekte Rede. Bei beiden Texten steht das einleitende Verb in der Vergangenheit. Denke also daran, alle Verben eine Zeitstufe zurückzusetzen. Vergiss auch nicht, die Pronomen, Orts- und Zeitangaben – wo nötig – anzupassen.

a) George said that **that was** the only trophy **he had** ever won. **He didn't** need another reason to keep it, **did he**? It **sat** on a shelf and sometimes **he showed** people **his** greatest sporting award.

b) Katy asked why **she kept** the teddy bear. She answered (that) **she didn't** really know. **She had bought** it during **their** holiday **the year before** because it **looked** so happy. She added that it/It **sat there** above **her** sofa, **smiled** across the room and **made her** think of the nice holiday **they had had** in Sweden. There **was** no other reason for keeping it. It **was** just a souvenir.

Aufgabe 22

Hinweis: In dieser gemischten Aufgabe kannst du dein Wissen im Bereich Grammatik erproben, denn die Lücken beziehen sich auf ganz verschiedene Strukturen. Lies dir immer zuerst den kompletten Satz durch und versuche zu verstehen, was er bedeuten soll, bevor du beginnst, die Antworten zu notieren. Zu vielen grammatischen Strukturen findest du weitere Erklärungen in der Kurzgrammatik (KG). In den Hinweisen zu den Teilaufgaben findest du auch hier Verweise auf die relevanten Kapitel.

a) 's

Hinweis: Hier fehlt das „'s" des Genitivs, denn es soll ausgedrückt werden, um wessen Freizeitpark es geht.

b) The

Hinweis: Der bestimmte Artikel wird benötigt, um deutlich zu machen, dass es um den Park geht, der im ersten Satz genannt wurde (vgl. KG 1.2).

c) of

Hinweis: Nach Zahlenangaben wie „hundreds", „thousands" oder „millions" steht die Präposition „of", wenn man die Zahl näher bestimmen will. Ähnlich verhält es sich beispielsweise auch bei Mengenangaben wie „a bottle of water", „a litre of milk" oder „a packet of biscuits". Grammatikalisch handelt es sich hierbei um einen Genitiv mit „of".

d) was born

Hinweis: Du musst hier eine Passivform bilden („wurde geboren"). Das Signalwort „in 1901" zeigt dir, dass dieses Ereignis abgeschlossen ist und das Verb daher im „simple past" stehen muss (vgl. KG 2.1, 2.2).

e) which

Hinweis: Das Relativpronomen muss sich auf „period" beziehen. Da dies keine Person ist und da die Präposition „in" vorausgeht, kommt nur „which" infrage (vgl. KG 4.3).

f) had to

Hinweis: Wie in den vorausgehenden und nachfolgenden Sätzen geht es hier um abgeschlossene Handlungen; du benötigst also ein Verb im „simple past". Denke daran, dass du beim Modalverb „must" die Vergangenheit mit der Ersatzform „to have to" bildest (vgl. KG 1.6).

g) caring

Hinweis: Nach dem Verb „enjoy" steht die -ing-Form (vgl. KG 3.2).

h) (the) most

Hinweis: Hier musst du eine Steigerungsform des Adverbs „much" bilden (vgl. KG 1.1). Grammatikalisch wären sowohl Komparativ als auch Superlativ korrekt, in den Textzusammenhang passt aber nur „(the) most".

i) by

Hinweis: Nach der Passivform „was fascinated" steht der sogenannte „by-agent". Mit der Präposition „by" wird eingeleitet, wovon der junge Walt Disney fasziniert war (vgl. KG 1.4 und 2.2).

j) most beautiful

Hinweis: Aus dem Kontext erkennst du, dass es um „die schönste Stadt, die er kannte" geht. In der Lücke muss also der Superlativ (die 2. Steigerungsform) von „beautiful" stehen. Ein Hinweis darauf ist z. B. der bestimmte Artikel „the" vor der Lücke (vgl. KG 1.1).

Aufgabe 23

Hinweis: Eine gute Strategie bei solchen Lückentexten ist es, zuerst den gesamten Text zu überfliegen, bevor du dich um die fehlenden Wörter kümmerst. Wenn du verstehst, worum es in dem Text ungefähr geht, fällt es dir sicher leichter, die richtigen Formen zu bilden.

a) slowly

Hinweis: Da das Wort in der Lücke das Verb „began" näher beschreibt, musst du ein Adverb bilden (vgl. KG 1.1).

b) daily

Hinweis: Hier benötigst du ein Adjektiv, das sich auf das Substantiv „routine" bezieht (vgl. KG 1.1). Gemeint ist Henrys typischer Tagesablauf.

c) found

Hinweis: Das Verb gehört zu einer Abfolge von Handlungen in der Vergangenheit. Wie bei „went" und „played" steht auch in der Lücke das „simple past" (vgl. KG 2.1).

d) carrying

Hinweis: Hier wird eine Partizipialkonstruktion mit dem „present participle" benötigt (vgl. KG 3.4).

e) him

Hinweis: In der Lücke fehlt das Personalpronomen „him". „His" könnte nur vor einem Substantiv stehen (z. B. „his belongings"). Dieser Possessivbegleiter drückt aus, dass jemandem etwas gehört. Das Wörtchen „himself" ist ein sogenanntes Reflexivpronomen, das – wie der Name sagt – rückbezüglich ist (z. B. „He looked at himself.") (vgl. KG 1.3).

f) where / how

Hinweis: Du benötigst ein Fragewort, um die Lücke sinnvoll zu füllen: Henry wusste, wie / wo er nützliche Dinge finden konnte.

g) could

Hinweis: Die Form von „can" muss – wie die komplette Geschichte – in der Vergangenheit stehen (vgl. KG 1.6).

h) a

Hinweis: Der Geldschein wird hier zum ersten Mal im Text genannt, daher steht der unbestimmte Artikel (vgl. KG 1.2).

i) to provide

Hinweis: Nach „enough" kommt ein Infinitiv mit „to" (vgl. KG 3.1).

j) that

Hinweis: Das fehlende Relativpronomen bezieht sich hier auf „bottles". Das Pronomen „who" kann sich jedoch nicht auf Dinge beziehen, sondern ausschließlich auf Personen. Das Pronomen „whose" kann sich auf Personen oder Dinge beziehen, müsste aber vor einem Substantiv stehen, z. B. „whose contents". Deswegen passen „who" und „whose" nicht in diese Lücke. Die Pronomen „which" oder „that" sind folglich möglich, aber nur „that" steht zur Auswahl.

k) hungry

Hinweis: Hier fehlt ein Adjektiv („hungrig").

▶ Lösungen zum Bereich „Grundwissen – Wortschatz“

Aufgabe 1

Hinweis: Hier geht es darum, Wortfelder zu erarbeiten. In Teilaufgabe a) sollst du die vorgegebenen Wörter den entsprechenden Oberbegriffen zuordnen. Teilaufgabe b) ist eine Fortführung des ersten Teils der Aufgabe. Auch hier sollst du eine Mindmap zu einem Oberbegriff anlegen. Allerdings sind die Wörter hier nicht vorgegeben, sondern du musst dir selbst die entsprechenden Begriffe überlegen.

a)

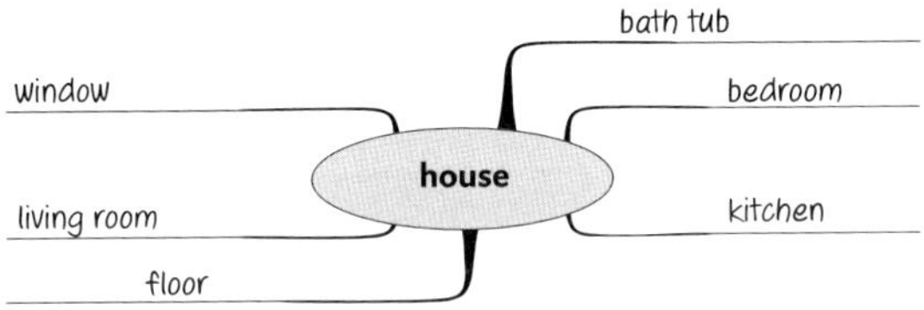

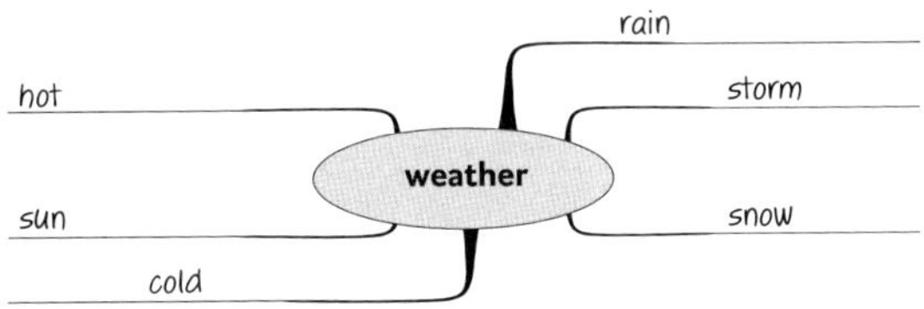

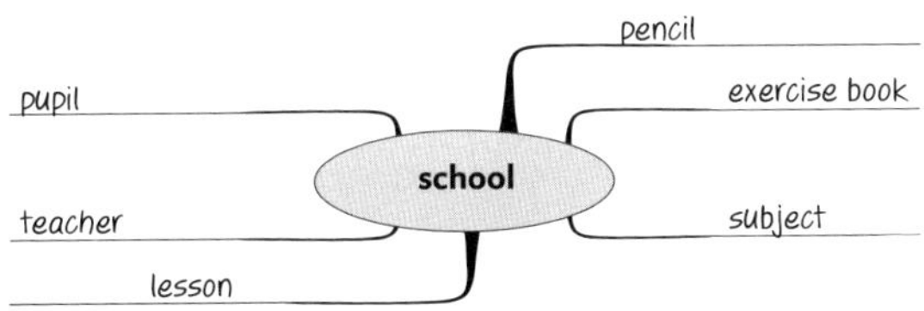

b) *Beispiellösung:*

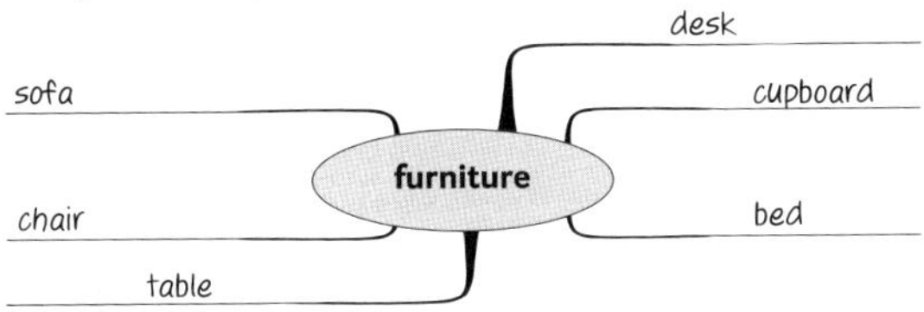

Aufgabe 2

Hinweis: In dieser Aufgabe sollst du eine Tabelle vervollständigen, in der es um Nationalitäten, Länder und Sprachen geht. Denke daran, dass man diese Wörter im Englischen immer großschreibt.

the people	the country	the language
(the) English	England	**English**
(the) French	**France**	**French**
(the) Spanish	**Spain**	**Spanish**
(the) Italians	**Italy**	Italian
(the) Americans	**United States of America / United States / USA / America**	**English**
(the) Germans	Germany	**German**
(the) Dutch	**the Netherlands**	Dutch
(the) Turkish	**Turkey**	Turkish
(the) Canadians	**Canada**	**French, English**

Aufgabe 3

Hinweis: Nachdem du die Tabelle in Aufgabe 2 ausgefüllt hast, wird dir die Lösung dieser Aufgabe nicht mehr schwerfallen. Wenn du dir bei den englischen Begriffen für Land, Leute und Sprache nicht sicher bist, dann schreibe die Wörter in deine Vokabelkartei und lerne sie.

Peter moved to Poland two months ago. As he doesn't speak any Polish yet, he started a language course last week. The other students in his course are from many different countries. Jenny, for example, is from Manchester in the North of **England**. She's **English**. Jan comes from Amsterdam in **the Netherlands**. He's **Dutch**. Ismael is **Turkish**. He's from Istanbul. Istanbul is in **Turkey**. Then there's Pietro. He comes from Rome, the capital of **Italy**. Pietro only speaks **Italian**. Louise used to live in Paris. She's **French**. Many people in **France** only speak **French**, but Louise speaks Portuguese and English, too. José is from Madrid, the capital of **Spain**. He isn't **Spanish**, because he was born in Mexico, where people also speak **Spanish**. The girl Peter likes the most is called Sophia. She's **Canadian**. She was born in Quebec. That is why her native language isn't English, but **French**.

Aufgabe 4

Hinweis: Hier kannst du das Wortfeld „Berufe" wiederholen. Deine Aufgabe ist es, den neun Berufen die passenden Elemente (z. B. Personen oder Gegenstände) zuzuordnen, mit denen die Personen in ihrem Beruf zu tun haben.

❶	❷	❸	❹	❺	❻	❼	❽	❾
H	I	E	F	G	C	B	D	A

Aufgabe 5

Hinweis: Hier musst du einen Lückentext über London vervollständigen. Lies dir zuerst den ganzen Text durch, damit du weißt, wovon er handelt. Erst im Anschluss füllst du die Lücken mit Wörtern, die in den Kontext passen. Als Hilfe ist der erste Buchstabe eines jeden Wortes vorgegeben. Wenn du alle Lücken gefüllt hast, liest du dir am besten den gesamten Text noch einmal durch, um zu überprüfen, ob er inhaltlich einen Sinn ergibt und auch grammatikalisch korrekt ist.

London is the **capital** of England. It's a very **large** city with **many** interesting **sights**. It's also a city with a great nightlife. There are lots of **cinemas**, theatres, and, of course, clubs, **restaurants** and pubs. There is **always** lots to do and see. You can **visit** Buckingham Palace or see Downing Street where the prime minister **lives**. There is also a big wheel called the "London Eye". From the **top** of it there is a **fantastic** view over London, but it is very **high**! The **best** way to see London, though, is on **foot** or by a city tour on a **red** double-decker **bus**. London is a **wonderful** city – everyone should visit it **sometime / someday**.

Aufgabe 6

Hinweis: Auch hier ist ein Lückentext auszufüllen. In der ersten Lücke sollst du das Datum ergänzen. Denk daran, dass man „the" und „of" zwar spricht – „On the 5th of August" – aber nicht schreibt. Bei Mengenangaben wie „many bottles" ist es wichtig, dass du die Präposition „of" ergänzt: "many bottles of water".

On **5(th) August / August 5(th)** last year I went to Paris for the day. The flight was only 75 minutes long. In Paris, I bought a lot of things. They had lovely biscuits, so I got six **packets of** very nice ones. Paris was very hot, so I had to carry a **bottle of** water around with me all the time. I drank so many **bottles of** water I didn't count them all. I bought my mum a **jar of** French marmalade and my dad a **litre of** French wine. I had a great time!

Aufgabe 7

Hinweis: Achte darauf, dass du die Wörter in der Form einträgst, wie sie in den jeweiligen Satz passen. Bei ❶ und ❽ brauchst du z. B. den Plural.

❶	*	*	*	I	N	H	A	B	I	T	A	N	T	S
❷	*	*	*	*	*	*	G	O	L	D	*	*	*	*
❸	*	*	*	*	*	*	*	B	U	F	F	A	L	O
❹	*	*	*	*	*	*	*	D	R	E	A	M	*	*
❺	*	L	I	B	E	R	T	Y	*	*	*	*	*	*
❻	*	*	*	*	*	*	S	L	A	V	E	R	Y	*
❼	*	*	*	*	E	Q	U	A	L	*	*	*	*	*
❽	I	M	M	I	G	R	A	N	T	S	*	*	*	*

The famous American singer who won the Nobel Prize for Literature in 2016 is **Bob Dylan**.

Aufgabe 8

Hinweis: Bei dieser Aufgabe musst du das Gegenteil des unterstrichenen Wortes finden. Achte darauf, dass der Satz mit dem „opposite" immer noch Sinn gibt.

a) The train is **early**.

b) I have just **missed** the last bus home.

c) I've **found** my watch.

d) He's **sold** a car.

e) Julie's water bottle is **empty**.

Aufgabe 9

Hinweis: Hier musst du ein Wort mit der gleichen oder einer ähnlichen Bedeutung finden. Achte darauf, dass dieses Wort auch in den Satzzusammenhang passt.

a) The **border** between the USA and Mexico is 1,954 miles long.

b) The **whole** world was shocked when the popular actor died so young.

c) Last year he **finally/eventually** got the academy award he had been hoping for for so long.

d) **Very tall / Very big / Enormous** skyscrapers shape the skyline of Manhattan.

e) Do you have any plans to spend some time **in another country/ in a foreign country** after your GCSEs?

f) If you live in an English-speaking country for a few months, your English will **get better** significantly.

g) Just a few more miles. We're **nearly** there!

h) When I saw her face, I knew **immediately** what had happened.

Aufgabe 10

Hinweis: Probiere verschiedene Möglichkeiten aus, ein Wort zu erklären. Du kannst in deiner Definition z. B. eine Umschreibung oder ein Synonym des Wortes verwenden, es mithilfe des Gegenteils erklären oder durch ein gutes Beispiel deutlich machen, was man darunter versteht. Bei dieser Aufgabe gibt es natürlich sehr viele verschiedene Lösungsmöglichkeiten, diese Musterlösung ist nur ein Beispiel.

a) It is a period of a hundred years.

b) "To shake hands" means to take somebody's hand in order to say "hello" or as a kind of greeting.

c) This is a set of medical materials which you need in an emergency.

d) "Rubbish" is another word for "garbage", "waste" or "litter".

e) A school subject is a special lesson at school where you learn something in a certain field, e. g. Biology, Maths or P.E.

f) "To explore" means to have a close / proper look at something which you have not experienced before.

Aufgabe 11

Hinweis: Hier gibt es noch weitere Lösungsmöglichkeiten. Falls du in deiner Lösung ein Wort aufgeführt hast, das nicht in dieser Liste steht, dann prüfe anhand deines Wörterbuches, ob deine Lösung richtig ist.

verb	noun(s)	adjective(s)	verb + preposition
to know	**knowledge**	**known, knowing**	**to know about / of (sth / sb)**
to educate	**education, educator**	educational, educated	**to educate (sb) in / about / on (sth)**
to mean	**meaning**	**meaningful, meaningless**	**to mean (sth) to (sb)**
to succeed	success	**successful**	**to succeed in (sth)**
to differ	**difference**	**different**	**to differ from (sth / sb)**
to vary	**variety**	various, varied	**to vary from (sth / sb), to vary in (sth)**
to act	**action, act, activity, actor / actress**	**active**	**to act as (sb), to act on (sth), to act like (sb)**
to speak	**speech, speaker**	spoken	**to speak about (sth / sb), to speak to / with / for (sb), to speak out**
to invite	**invitation**	inviting	**to invite (sb) to / for (sth)**

Aufgabe 12

Hinweis: Ähnlich wie in der Tabelle in der vorhergehenden Aufgabe musst du hier Wörter aus derselben Wortfamilie finden. Sieh dir die Sätze sorgfältig an, um herauszufinden, welche Wortart in der Lücke fehlt. Suche bei den Lücken mit Fragezeichen nach einer passenden Präposition.

I really like music. I have never played a **musical** instrument in my life but I have always found **songs** fascinating. For me they are **interesting** in two ways. First, I find that as time goes **by** they remind me of things that have happened in my **life**. I remember my first girlfriend, **for** example, by a song that was always on the radio at that time. Secondly, I'm fascinated with what the lyrics really **mean**. It was only **recently**, for example, that I discovered what Bob Marley was singing about in his song "Buffalo Soldier". Buffalo soldiers were **Africans** who fought for the Americans against the Native Americans. June is also a **creative** but maybe not very **famous** singer-songwriter. Although I **probably** won't remember many of her songs in the future, I can relate to the **expression** of **feelings** in her lyrics and enjoy her live **performances**. If you ever find the time, listen to a song carefully and try to find **out** what it is about and why it was written – you'll probably find it interesting, too.

Aufgabe 13

Hinweis: Bei dieser Aufgabe musst du aus drei Begriffen den jeweils richtigen aussuchen und unterstreichen – die falschen Möglichkeiten sind in der untenstehenden Lösung nicht mehr angegeben. Bei den Teilaufgaben a) und g) musst du besonders aufpassen, denn hier tauchen in der Angabe gleich mehrere sogenannte „false friends" auf: „Meinung" heißt auf Englisch nämlich nicht „meaning", sondern „opinion". Auch das „Handy" wird auf Englisch nicht „handy" genannt, sondern „mobile (phone)" (das englische Wort „handy" gibt es zwar auch, es ist aber ein Adjektiv und bedeutet so viel wie „praktisch"). Das englische Wort „telly" hat ebenfalls nichts mit dem deutschen „Telefon" zu tun, sondern ist der umgangssprachliche Ausdruck für „television" (also für den Fernseher).

a) Tim gave his opinion about the film to his friends.
b) On the back of the letter there was a small picture.
c) I'm going to go to London by train.
d) We need to talk about the problems we have got.
e) It was terribly wet in Scotland when we went there.
f) Can I watch television, please?
g) Chloe isn't home yet but you can call her on her mobile.
h) I'm really looking forward to our holiday in Canada – I'm sure it'll be great!
i) Could you turn off the computer before you go to bed, please?

Aufgabe 14

Hinweis: Suche nach Wörtern aus derselben Wortfamilie bzw. wähle das passende Wort aus. Beginne am besten damit, dir einen Überblick über den gesamten Text zu verschaffen. Bei Satz e) fehlt eine Präposition.

a) answers

Hinweis: Hier ist das Verb „to answer" vorgegeben. In die Lücke gehört ein Substantiv, denn das Guinnessbuch der Rekorde bietet <u>Antworten</u> auf jegliche Fragen, die Rekorde betreffen. Das Substantiv unterscheidet sich in der Form nicht vom Verb, muss aber im Plural stehen.

b) unbelievable

Hinweis: Aus dem Verb kannst du ein Adjektiv bilden, wobei die Vorsilbe „un-" „not" bedeutet.

c) business

Hinweis: Die Lücke ist Teil einer Aufzählung von Substantiven und muss ebenfalls ein Substantiv enthalten. Du erkennst die Aufzählung z. B. daran, dass die Wörter mit Komma und „and" verbunden sind.

d) When

Hinweis: Als das Buch 1955 erschien, verkaufte es sich von Anfang an sehr gut – die Konjunktion „when" mit der Bedeutung „als" ist hier die einzige Möglichkeit, um den Nebensatz der Zeit einzuleiten.

e) in

Hinweis: Die Wendung „to take an interest" steht immer mit der Präposition „in".

f) achievements

Hinweis: Auf den Possessivbegleiter „their" und das Adjektiv „own" muss ein Substantiv folgen. Es geht um mehrere Leute und ihre (verschiedenen) Leistungen, daher steht das Substantiv im Plural.

g) extremely

Hinweis: Das Wort in der Lücke beschreibt das Adjektiv „stupid" näher. Es muss sich daher um ein Adverb handeln.

h) but

Hinweis: Da es hier um einen Gegensatz geht (zwischen der Körpergröße des Dinosauriers und der Größe seines Gehirns), passt nur „but".

Aufgabe 15

a) Roman

Hinweis: Claudius II. war ein römischer Kaiser, d. h., in der Lücke steht ein Adjektiv, das du von „Rome“ ableitest.

b) marry

Hinweis: An „to“ vor der Lücke erkennst du, dass hier ein Verb im Infinitiv stehen muss.

c) Christian

Hinweis: In die Lücke gehört ein Adjektiv, das den Priester näher beschreibt.

d) young

Hinweis: Das Adjektiv in der Lücke bezieht sich auf „couples“.

e) secretly

Hinweis: Hier wird ein Adverb benötigt, das das Verb „married“ beschreibt.

f) 14th February / February 14th / 14 February / February 14

Hinweis: Um das Datum korrekt aufzuschreiben, gibt es mehrere Möglichkeiten. Beachte, dass man „the“ zwar spricht, aber in der Regel nicht schreibt. Im amerikanischen Englisch steht der Monat vor dem Tag (z. B. „February 14th“). Sowohl in „British English“ als auch in „American English“ kannst du den Tag mit oder ohne „th“ schreiben: „14th February“ oder „14 February“.

g) lovers

Hinweis: In die Lücke gehört das Subjekt des Satzes. Aus dem Zusammenhang kannst du dir erschließen, dass es sich um Personen handelt, die den Tag feiern. An der Verbform „celebrate“ erkennst du, dass ein Substantiv im Plural benötigt wird.

h) greeting(s)

Hinweis: Das Wort in der Lücke gehört zum Substantiv „cards“. Eine „greeting card“ oder „greetings card“ ist eine „Grußkarte“.

i) hearts

Hinweis: In der Aufzählung fehlt ein Substantiv, das wie die anderen Substantive in der Liste im Plural steht. Die Abbildung hilft dir, falls dir das typische Symbol für Liebe nicht einfällt.

j) America
Hinweis: Du musst das Adjektiv in ein Substantiv umwandeln, da es um zwei Länder („Britain and …“) geht.

k) believe
Hinweis: Im Hauptsatz fehlt das Verb, das sich auf die Gegenwart bezieht. Achte auf die richtige Schreibweise.

l) advance
Hinweis: Hier fehlt ein Substantiv, das zusammen mit „in“ eine feste Wendung bildet. Die Wendung „in advance“ bedeutet „im Voraus“.

Aufgabe 16

a) Irish
Hinweis: Hier musst du aus dem Namen des Landes ein Adjektiv ableiten, das sich auf „patron saint“ (= Nationalheiliger, Schutzpatron) bezieht.

b) slave
Hinweis: Aus dem angegebenen Substantiv musst du ein anderes Substantiv bilden, das eine Person bezeichnet.

c) During
Hinweis: Die Bedeutung des Wortes in der Lücke ist „während“. Zwar können sowohl „during“ als auch „while“ diese Bedeutung haben, vor einem Substantiv kann aber nur „during“ stehen.

d) present
Hinweis: Übersetzt heißt die Wendung „bis zum heutigen Tag“. In der Lücke fehlt also ein Adjektiv, das „day“ näher beschreibt. Lerne die Wendung am besten auswendig.

e) celebrate
Hinweis: Im Satz fehlt ein Verb, das du von „celebration“ ableiten kannst.

f) national
Hinweis: In die Lücke gehört ein Adjektiv, welches sich auf „holiday“ bezieht. Ein „national holiday“ ist ein „Nationalfeiertag“.

g) exception
Hinweis: Hier fehlt ein Substantiv. Du erkennst dies an dem Adjektiv vor der Lücke und an der Präposition „of“ danach.

h) origin
Hinweis: Aus dem Adjektiv „original“ musst du ein Substantiv bilden. Es geht um Menschen irischen Ursprungs.

i) amazing
Hinweis: Mit dem Adjektiv in der Lücke wird „world record“ näher beschrieben.

j) one thousand two hundred and sixty-three
Hinweis: Vergiss nach „hundred“ nicht das „and“ und denke an den Bindestrich bei „sixty-three“.

▶ Lösungen zu den Übungsaufgaben der weiteren Kompetenz-bereiche

▶ Lösungen zum Bereich „Listening“

Hinweis: In Klassenarbeiten und in der Abschlussprüfung werden dir die Hörverstehenstexte meist zweimal vorgespielt. Damit du dich ganz auf die Texte und Aufgaben konzentrieren kannst, enthält jeder Track eine Wiederholung. Wenn du zu Übungszwecken pausieren oder den Text ein weiteres Mal bzw. weitere Male hören möchtest, ist das aber auch völlig in Ordnung. Versuche jedoch, mit jedem „Listening Test“ die Anzahl deiner Hörsequenzen zu reduzieren. Die Transkripte der Hörverstehenstexte findest du im Kapitel 6 des zugehörigen Trainingsbandes bei den Übungsaufgaben zu den Prüfungsbereichen.

Listening Test 1: Short dialogues

Hinweis: Im ersten „Listening Test“ begegnen dir sechs kurze Dialoge. Du sollst zu jedem Hörtext das passende Bild finden. Lies dir, bevor du den Track abspielst, die Fragen aufmerksam durch und sieh dir die Antwortmöglichkeiten an. Achte dann beim Hören auf die gefragten Details.

1. B

   Hinweis: Rob ist gerade im Supermarkt und ruft Penny an, weil er auf der Einkaufsliste nicht entziffern kann, wie viel Parmesan er kaufen soll. Achte also in diesem Gespräch besonders auf die Zahlen. Ganz am Ende sagt Penny dann: "The two 50 ones." (Z. 10) Somit ist Antwortmöglichkeit B richtig.

2. B

   Hinweis: Tom kommt zu spät zum Unterricht und seine Lehrerin ist gar nicht begeistert. Tom erklärt, warum er nicht pünktlich erschienen ist und sagt: "I'm only 15 minutes late" (Z. 3). Mrs West antwortet dann: "ONLY! – School starts at ten to nine!" (Z. 4) Der Unterricht beginnt also um 8:50 Uhr. Da Tom eine Viertelstunde zu spät erschienen ist, bedeutet das, dass es jetzt 9:05 Uhr ist. Du musst also bei Antwort B ein Häkchen setzen.

3. B

   Hinweis: Vicky und Pete organisieren eine Feier für die Fünftklässler an ihrer Schule und möchten gerne eine Mottoparty veranstalten. Pete macht mehrere Vorschläge, ist aber mit Vickys Idee einverstanden: "What about kings and queens? – That's okay." (Z. 11/12)

4. A

Hinweis: Mary soll für Paul einen Brief einwerfen: "Can you take it to the postbox near the chemist's?" (Z. 5/6)

5. C

Hinweis: Hier musst du genau zuhören: June hat bereits ein T-Shirt für ihren Neffen gekauft, ist aber auf der Suche nach einem weiteren Geschenk (vgl. Z. 3). Nachdem der Junge kein Interesse an Fußball oder anderen Sportarten zeigt (vgl. Z. 7), kauft sie also keinen Fußball. Antwort C ist somit die richtige Lösung.

6. C

Hinweis: Lynn und John sprechen über mögliche Reiseziele. Beide hätten große Lust, nach Afrika zu fahren, aber eine Reise nach Afrika ist sehr teuer und kommt in diesem Jahr nicht infrage (vgl. Z. 3/4). Stattdessen entscheiden sie, nach Rom zu fahren: "Rome isn't too expensive – let's go there" (Z. 7/8). Du musst also das Bild des Colosseums, dem Wahrzeichen der Stadt Rom (Antwort C), abhaken.

Listening Test 2: Short texts

Hinweis: Dieser „Listening Test" enthält zwei Monologe, also Texte mit nur einem Sprecher, und vier Dialoge mit jeweils zwei Sprechern. Auch hier sollst du zu den Texten das jeweils passende Bild auswählen. Aufgabe 3 stellt einen Sonderfall dar: Hier sollst du entscheiden, wo auf dem Stadtplan das Hotel zu finden ist. Lies dir vor dem ersten Hören alle Fragen aufmerksam durch und sieh dir die Antwortmöglichkeiten an. Achte dann beim Hören auf die gefragten Details.

1. C

Hinweis: Du musst die Frage genau lesen und auch beim Hören gut aufpassen. Gefragt ist, welche Gruppe als zweite boarden darf: "First class, business class and adults with small children may now start to board the plane. The next group of passengers to get on the plane are those in Economy – rows 25 to 35." (Z. 7–9) Die richtige Lösung ist also Bild C, auf dem die Sitze der Reihen 25 bis 27 zu sehen sind.

2. A

Hinweis: Da sein Zug Verspätung hat, spricht Daniel auf den Anrufbeantworter und bittet seine Mutter, ihn vom Bahnhof in Exeter abzuholen. Falls sie es nicht schafft, wird er ein Taxi nehmen: "If you can't make it, […] I'll then get a taxi." (Z. 6/7)

3. A

Hinweis: Sieh dir den Stadtplan genau an und verfolge die Wegbeschreibung am besten mit einem Bleistift: "Go straight ahead and turn left at the end of the road. […] take the second road on your right. It'll take you straight to the marketplace. In the marketplace, go right. The hotel is about 50 metres further on your right but the entrance to it is just around the first corner." (Z. 4–7)

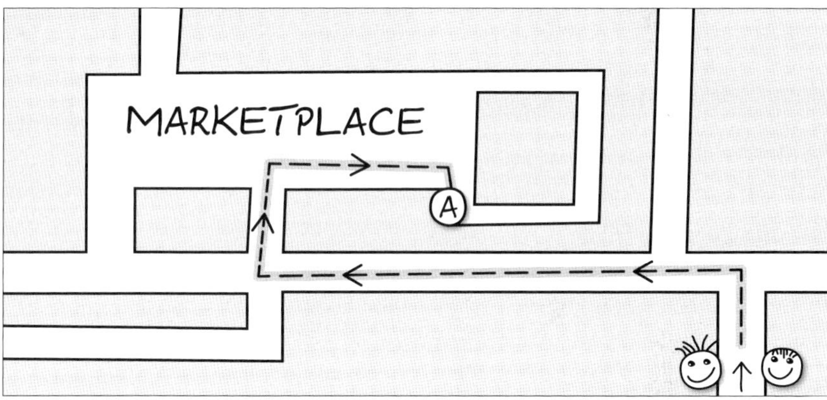

4. C

Hinweis: Tom hatte ursprünglich vor, einen ausgiebigen Strandspaziergang mit seinen Hunden zu machen. Da der Wetterbericht jedoch Regen vorhersagt, wird er nur in den Park gehen: "I was going to take the dogs for a long walk on the beach on Saturday but I won't bother now. They can have a quick run about in the park instead. (Z. 5–7)

5. B

Hinweis: Das Mädchen möchte eine ganz besondere Geburtstagsfeier organisieren. Sie hat vor, mit fünf Freunden einen Rundflug zu machen. Da es sich jedoch um ein sehr kleines Flugzeug handelt, können nicht alle Freunde gleichzeitig mitkommen. Es gibt aber ein nettes Café am Flughafen, in dem sie auf der Terrasse warten können: "there's a small café at the airport where we can buy pizzas or sandwiches and sit outside to eat them." (Z. 6/7) Du könntest versucht sein, Antwort A abzuhaken, da das Bild einen Flughafen zeigt. Es handelt sich jedoch um einen internationalen Flughafen, auf dem kleine Flugzeuge mit nur vier Sitzen nicht starten dürfen. Die richtige Antwort ist somit Möglichkeit B.

6. B

   Hinweis: Lilly war in San Francisco im Urlaub, wo sie ihren Fotoapparat verloren hat. Sie hat ihn versehentlich auf einer Parkbank liegen lassen, als sie mit einem Taxi zurück ins Hotel gefahren ist: "[A taxi] took me back to my hotel. The next morning after breakfast I realised I'd left my camera on the bench!" (Z. 6/7) Erst am nächsten Morgen, nach dem Frühstück im Hotel, ist ihr also aufgefallen, dass die Kamera weg war.

Listening Test 3: The German Exchange

Hinweis: Hier hörst du ein längeres Gespräch zwischen Aiden und seiner Lehrerin, in dem sie über den anstehenden Schüleraustausch mit einer Schule in Deutschland sprechen. Die Aufgabe ist im Multiple-Choice-Format gestellt. Lies dir die Fragen und Antwortmöglichkeiten aufmerksam durch, bevor du den Hörtext abspielst. Denke daran, dass die Formulierungen der Antwortmöglichkeiten meist von denen im Hörtext abweichen.

1. c – He wasn't feeling very well.

   Hinweis: Aiden war krank, als Mrs Jackson die Schülergruppe über den Austausch informiert hat: "I was ill when you talked about the German exchange." (Z. 3)

2. b – Not exactly, but she knows which months.

   Hinweis: Mrs Jackson kann noch keine konkrete Auskunft über die Reisedaten geben. Bisher stehen nur die Monate fest, in denen die englischen Jugendlichen nach Deutschland bzw. die deutschen Schüler und Schülerinnen nach England reisen werden: "normally we go in January […] – and the German pupils come to us in March. We won't have the exact dates until we book the plane." (Z. 6–8)

3. c – It is a possibility.
   Hinweis: Normalerweise wird versucht, Jungen bei Jungen und Mädchen bei Mädchen unterzubringen, es kann jedoch auch, abhängig von den Anmeldungen, vorkommen, dass ein Junge ein Mädchen als Austauschpartnerin zugewiesen bekommt, oder umgekehrt: "We always try to match a boy with a boy and a girl with a girl, but that doesn't always happen." (Z. 14/15)

4. c – The English pupils meet their partners in the afternoon.
   Hinweis: Die englischen Schüler werden am Freitagvormittag eine Stadtbesichtigung ohne ihre deutschen Partner machen: "On Friday, we go into the town and we'll show you all the sights" (Z. 25/26) Die deutschen Schüler haben am Vormittag Unterricht, stoßen aber dann am Nachmittag dazu: "your partners have to go to school in the morning but they finish at 1 o'clock. So they'll meet us there later." (Z. 26/27)

5. a – They are met and taken to school.
   Hinweis: Du musst ganz genau zuhören, um auf die richtige Lösung zu kommen, denn im Text wird erklärt, dass die Schüler von einem Minibus abgeholt werden: "In Germany, a minibus will collect us at the airport and take us to the school." (Z. 34/35) In der Aufgabenstellung wird jedoch das Fahrzeug selbst nicht mehr erwähnt. Das Verb „(to) collect" aus dem Text kommt in der Aufgabenstellung ebenfalls nicht vor. Stattdessen wird „(to) meet" verwendet.

6. c – pizza and pasta
   Hinweis: Am letzten Abend gehen die englischen mit den deutschen Schülern in ein italienisches Restaurant: "we always go to an Italian restaurant together." (Z. 38) Somit ist „pizza and pasta" die richtige Lösung.

Listening Test 4: Off the sofa and do it!

Hinweis: Du hörst ein längeres Gespräch zwischen Sam und Beth, in dem es um einen Windsurfkurs geht. Die Aufgabe ist im Multiple-Choice-Format gestellt. Hier musst du zu den vorgegebenen Satzanfängen das jeweils passende Satzende finden. Nimm dir die Zeit, vor dem ersten Hören die Aufgabenstellungen und alle Wahlmöglichkeiten aufmerksam durchzulesen, damit du weißt, worauf du beim Hören achten musst.

1. c – to get some details about something.
   Hinweis: Sam war in der Stadt, weil er Windsurfen lernen möchte und sich darüber informieren wollte: "I just wanted some information and brochures." (Z. 3/4)
2. a – be able to swim.
   Hinweis: Man muss kein herausragender Schwimmer sein, um einen Windsurfkurs machen zu können: "But don't you have to be an excellent swimmer to do that? – Not really. The main thing is that you can *swim!" (Z. 9–11)*
3. b – she went there when she was young.
   Hinweis: Beth kennt den Strand, denn sie war dort oft als Kind zum Picknicken: "We often went there as little kids to have a picnic." (Z. 16)
4. c – turn left before the car park.
   Hinweis: Um zum Snettisham Beach zu kommen, muss man vor dem Parkplatz links abbiegen und einer schmalen Straße folgen: "there's a narrow road going left just before the beach car park." (Z. 17) Höre genau zu, denn hier entscheidet ein einziges Wort, nämlich „before", über die richtige Antwort.
5. a – on land.
   Hinweis: Zuerst werden „Trockenübungen" an Land gemacht: "At first you don't go on the lake. They've got a windsurfing board on land [...]" (Z. 27/28) Etwas später im Text erhältst du einen weiteren Hinweis auf die richtige Antwort: "Once you can do this, you go onto the water." (Z. 30/31)
6. c – where the footprints are.
   Hinweis: Um die richtige Position auf dem Brett zu lernen, sind als Orientierung Fußabdrücke angebracht: "there're two footprints on it, too, so you know exactly where to stand." (Z. 29/30)
7. a – getting the sail out of the water.
   Hinweis: Die größte Herausforderung am Anfang ist es, das Segel aus dem Wasser zu ziehen: "But what is very difficult is getting going again after you've fallen in. The sail is wet and heavy and you have to pull it out of the water – that's tiring and you can fall off the board again doing this." (Z. 34–36)

Listening Test 5: My Norfolk

Hinweis: In diesem „Listening Test" hörst du einen längeren Monolog, in dem John Watson über drei Landsitze in Norfolk in England berichtet. Du erfährst viele Fakten über die Häuser. Höre aufmerksam zu, denn du musst Details in eine Tabelle eintragen.

1. (in) 1862
   Hinweis: Als König Edward VII noch Prince of Wales war, hat er Sandringham House erstanden: "King Edward VII bought it in 1862" (Z. 4)

2. (at) Christmas
   Hinweis: Sandringham House kann an Weihnachten nicht besichtigt werden, da zu dieser Zeit die Königliche Familie darin residiert: "You can go into the house and the gardens most times of the year, but not at Christmas, when the members of the Royal Family use it." (Z. 6–8)

3. a huge / big / large park
   Hinweis: Ein großer Park umgibt den Landsitz: "It sits in the middle of a huge park" (Z. 10)

4./5. tourism / (the) car park
   Hinweis: Abgesehen von den Open-Air-Konzerten, die bereits vorgegeben sind, sind als Einnahmequellen der Tourismus und die Einnahmen durch den Parkplatz zu erwähnen: "Tourism brings a lot and so does the only car park to the fantastic beach there" (Z. 12/13)

6. (British) Prime Minister
   Hinweis: "It was built originally for the first British Prime Minister" (Z. 18). Da bereits „the first" vorgegeben ist, brauchst du nur noch „British Prime Minister" bzw. „Prime Minister" zu ergänzen.

7. art gallery
   Hinweis: "The house becomes an art gallery" (Z. 23). Das Nomen „art gallery" ist hier die einzig richtige Lösung, denn durch die Verwendung des unbestimmten Artikels „an" ist vorgegeben, dass das darauffolgende Nomen mit einem Vokal beginnen muss. Das Nomen „gallery" ist somit als Lösung ausgeschlossen.

Listening Test 6: Things you didn't know about London

Hinweis: In diesem Podcast geht es um London. Du wirst viele Fakten über die Hauptstadt von England erfahren, die neu für dich sind. Pass gut auf, denn du musst Details in eine Tabelle eintragen. In dieser Art der Aufgabe wird oft nach Zahlen gefragt, die im Text vorkommen. Du solltest die englischen Zahlen also ganz sicher beherrschen.

1. 17 million/17 m

   Hinweis: Durchschnittlich besuchen rund 17 Millionen Menschen London pro Jahr: "And every year, London gets an average of 17 million visitors" (Z. 4/5) Da bereits das Adverb „about", das hier „ungefähr" bedeutet, sowie die Angabe „visitors a year" vorgegeben sind, brauchst du nur noch die richtige Zahl ergänzen. Du kannst „million" ausschreiben oder durch „m" abkürzen. Frage am besten bei deinem Lehrer bzw. deiner Lehrerin nach, ob in der Prüfung Abkürzungen auch akzeptiert werden.

2. Trafalgar Square (at Christmas) / Christmas

   Hinweis: Hier musst du besonders genau arbeiten, denn du könntest versucht sein, „a Christmas tree" als Lösung anzugeben. Allerdings lautet der zu ergänzende Satzanfang „Oslo's present for London is <u>for</u> ..." Aus diesem Grund musst du entweder den Platz angeben, auf dem der Weihnachtsbaum jährlich aufgestellt wird: "every year Oslo [...] gives London a big Christmas tree for Trafalgar Square (Z. 6/7) Alternativ kannst du auch den Anlass angeben, zu dem London das Geschenk aus Norwegen erhält, nämlich Weihnachten.

3. children's hospital

   Hinweis: Es handelt sich nicht um ein beliebiges Krankenhaus, sondern um ein Krankenhaus, in dem <u>Kinder</u> behandelt werden: "But did you know that all the royalties from the books and the films go to a children's hospital in London called Great Ormond Street?" (Z. 14–16) Du kannst hier nicht den Namen des Krankenhauses nennen, da der Satzanfang den unbestimmten Artikel „a" enthält, Eigennamen aber grundsätzlich ohne Artikel stehen.

4. first underground railway

   Hinweis: London hatte weltweit die erste U-Bahn: "London had the very first underground railway in the world" (Z. 20)

5. 1,000 dead bodies / a huge grave with 1,000 (dead) bodies / a huge grave
   Hinweis: Beim Bau der Aldgate Station wurde ein Massengrab mit Opfern des Pestausbruchs von 1665 entdeckt: "they discovered a huge grave with 1,000 dead bodies" (Z. 22)
6. 310 metres
   Hinweis: Dieses berühmte Gebäude ist sehr hoch: "[The Shard is] 310 metres high" (Z. 27) Denk daran, auch die Maßeinheit „metre" zu ergänzen.
7. fun names / funny names / a fun name / a funny name
   Hinweis: "Many of London's high-rise buildings have been given fun names" (Z. 28). Im Text kommt der Ausdruck „fun names" vor; hierbei handelt es sich um eine Wortzusammensetzung. Du kannst aber auch einfach das passende Adjektiv „funny" verwenden.

Listening Test 7: The California Gold Rush

Hinweis: Hier hörst du ein Interview, in dem Paul Johnston über den Goldrausch in Kalifornien spricht. In dieser Multiple-Choice-Aufgabe sollst du zu den neun Satzanfängen das jeweils passende Satzende finden.

1. b – a settler.
   Hinweis: Ein Siedler war es, der als Erster Gold fand: "thousands traveled west to California after a settler reported finding gold there." (Z. 2/3)
2. c – a river.
   Hinweis: Während des Baus einer Sägemühle hat Mr Marshall zufällig Nuggets im American River gefunden: "Mr Marshall was building a sawmill near the American River in central California. When he looked in the water, he saw shiny pieces of metal." (Z. 4–6)
3. a – teeth marks.
   Hinweis: Man kann die Abdrücke der Backenzähne von Mr Marshall auf dem Goldstück erkennen: "And you can see Mr Marshall actually bit down on it. You can see the molar marks, his bite mark on it [...]" (Z. 11/12)
4. c – travelled slowly.
   Hinweis: Im Gegensatz zu heute verbreiteten sich Nachrichten damals nur langsam: "But communication was slow in the middle of the 19th century." (Z. 17)

5. b – from stories about it.
   Hinweis: Hier musst du gut zuhören, denn du musst herausfinden, dass die Menschen an der Ostküste zuerst nur Gerüchte (AmE: „rumors") über Goldfunde in Kalifornien hörten, bevor diese dann vom damaligen amerikanischen Präsidenten vor dem Kongress bestätigt wurden. Mit den „stories" der Aufgabenstellung sind genau diese „rumors" gemeint: "People in the big eastern cities of New York and Boston heard only rumors about gold in California." (Z. 17–19)
6. b – often had wrong expectations.
   Hinweis: Die Goldsucher gingen davon aus, dass das Gold leicht zu finden war. Dass es sich um harte Arbeit handeln würde, war ihnen nicht klar: "You didn't really have to work for it, as far as they knew. You just had to lean over and pick it up and you were rich." (Z. 24/25)
7. c – had a very difficult life.
   Hinweis: Da Van Valen als Goldsucher nicht erfolgreich war, musste seine Frau, die mit ihren Töchtern in New York geblieben war, alleine für den Lebensunterhalt sorgen: "His wife tried to make a living by sewing and by borrowing money from the financiers against her husband's future profits. But it was not any easier for her than it was for her husband 3,000 miles away in California." (Z. 31–34)
8. b – did not make a lot of money.
   Hinweis: "In two years, Alexander Van Valen earned only $ 500. Most people who traveled to California to find gold were like Van Valen – they did not get rich." (Z. 35–37)
9. c – joined the USA.
   Hinweis: "The Gold Rush [...] made the East Coast want California to become part of the United States." (Z. 39–41); "In 1850, California became the country's 31st state." (Z. 42)
   Im Text kommt zwar auch der Satz "The Gold Rush really put California on the map." (Z. 39) vor. Das ist aber nicht wörtlich, sondern im übertragenen Sinn gemeint: Die Wendung „(to) put something on the map" bedeutet so viel wie „(to) make something famous".

Listening Test 8: The Stolen Generations

Hinweis: Du hörst eine Radiosendung, in der es um die problematische Geschichte Australiens in Bezug auf seine Ureinwohner geht. Jahrzehntelang wurden Kinder der „Stolen Generations" ihren Eltern weggenommen und in Heimen oder Familien, die keine „Aboriginal roots" hatten, untergebracht. Lies dir die Aussagen zum Text durch. Deine Aufgabe ist es, zu entscheiden, ob die Aussagen richtig oder falsch sind.

1. true
   Hinweis: "From the late nineteenth century to about 1970, various Australian governments took Aboriginal children" (Z. 5/6)
2. false
   Hinweis: "Their aim was to make them adopt white culture." (Z. 7/8); "the governments were trying to get rid of Aboriginal peoples and their traditions." (Z. 10/11)
3. false
   Hinweis: Im Text geht es nicht darum, wie die „Aboriginal peoples" die Kultur der weißen Bevölkerung wahrgenommen haben, sondern darum, was die weiße Bevölkerung dachte: "but many whites thought their culture was better than that of the Aboriginal peoples." (Z. 16/17)
4. false
   Hinweis: "The children were separated from their parents – their families – and often taken thousands of miles away" (Z. 19/20)
5. true
   Hinweis: "Most were given 'white' names and the only language they were allowed to use was English, not their own – that was forbidden." (Z. 24–26)
6. false
   Hinweis: "They were given an education, but usually a rather poor one – one just enough to allow them to do basic work" (Z. 30–32)
7. false
   Hinweis: Erst im Jahr 2008 hat die damalige australische Regierung sich bei den „Stolen Generations" offiziell entschuldigt: "But it wasn't until 2008 that an Australian prime minister officially apologised to the Stolen Generations." (Z. 42–44)

8. true

   Hinweis: Zwei Textstellen belegen, dass die Probleme noch nicht völlig gelöst sind bzw. dass viele Betroffene immer noch unter den Folgen leiden: "Many Aboriginal people still suffer from how they were treated by the whites. […] the number of children […] taken away from their parents is still much higher for Aboriginal people than for white people. Even today, governments seem to spend a lot more money on putting Aboriginal children into state-run homes than on helping them to stay with their parents." (Z. 46–51)

Listening Test 9: What can be done?

Hinweis: Im Radio wird Gerri Hartwell, die mit Jugendlichen in Birmingham arbeitet, interviewt. Sie spricht über Suchtgefahren bei Jugendlichen und was dagegen unternommen wird. Lies dir zuerst die „statements" zum Hörtext durch, bevor du den Track abspielst. Entscheide dann während der beiden Hördurchgänge, welche der Aussagen richtig und welche falsch sind.

1. true

   Hinweis: "Drugs and smoking are under control" (Z. 8)

2. false

   Hinweis: Du musst genau zuhören: Auch wenn in manchen Fernsehsendungen oder Filmen Szenen vorkommen, in denen die Schauspieler rauchen, so gibt es keine Werbung für Zigaretten mehr: "There's now no advertising for cigarettes" (Z. 14/15)

3. true

   Hinweis: "But perhaps the biggest factor has been to hugely increase the price of a packet of cigarettes to about £ 11, with talks of that price increasing even more." (Z. 19–21)

4. false

   Hinweis: Im Text wird keine Aussage zum Alkoholkonsum unter (kleinen) Kindern gemacht. Vielmehr geht es um Jugendliche, die Alkoholmissbrauch betreiben: "Many teenagers, even at the age of 13, get drunk every week" (Z. 24/25)

5. true

   Hinweis: Abschreckende Szenen in Anzeigen, die der Realität entsprechen, sollen den Jugendlichen klar machen, welche Gefahren von Alkohol ausgehen: "we're making adverts to show young people how and why drinking too much is bad for you. We've got pictures of people lying drunk on the floor in the streets, girlfriends getting angry at their boyfriends and leaving them, or the other way around, friends not wanting to go out with other friends – accidents, of course, and illnesses." (Z. 32–36)

6. true

   Hinweis: "We also want ID cards" (Z. 39/40)

7. false

   Hinweis: Hier musst du wieder ganz genau lesen und zuhören: Nicht die Computer selbst sind das Problem, sondern die Computerspiele: "And then we've got the computer games problem." (Z. 43)

Listening Test 10: Environment views

Hinweis: In dieser Radiosendung werden zwei Jugendliche zu Umweltfragen interviewt. Auch hier sollst du entscheiden, ob die Aussagen zum Text richtig oder falsch sind. Auch wenn du schon geübt bist und Hörtexte meist gut verstehst, solltest du dir die Zeit nehmen, vor dem Anhören des Interviews die „statements" aufmerksam zu lesen und zu überprüfen, ob du sie verstehst. Sollten in den Sätzen unbekannte Wörter vorkommen, versuche, die Bedeutung zu erschließen, oder sieh in einem Wörterbuch nach.

1. false

   Hinweis: Wenn es um den Erbau von Anlagen zur regenerativen Energiegewinnung geht, treten häufig Probleme auf: "when something is suggested, like wind farms, then people start complaining about how ugly they look and that they spoil the view! Or when a solar farm is planned, suddenly that area is special for the […] black-headed butterfly that no one has seen for the last 60 years!" (Z. 7–11)

2. false

   Hinweis: Obwohl die Mutter von Lewis mit dem Auto länger braucht, entscheidet sie sich dennoch für dieses Fortbewegungsmittel: "My mum uses her car to take her letters to the post office in the village. It only takes five minutes to walk there! But, no, she has to take the car [...]; all that takes more than five minutes anyway." (Z. 14–18)

3. true

   Hinweis: "My grandad was saying that when he was a kid, there were buses every seven minutes into the town. If I miss the bus, I have to wait an hour for the next one." (Z. 22–24)

4. true

   Hinweis: Grace nennt zwei Möglichkeiten: "If there were more buses, people would use their cars less and that would mean less pollution and cleaner air. And if there were more car-free routes for bikes, more people would cycle." (Z. 25–27)

5. false

   Hinweis: "But many areas in the world have very little water, so when large hotels with swimming pools and golf courses are built and their guests use showers every day, the water situation becomes even worse." (Z. 30–33)

6. true

   Hinweis: Lewis befürchtet, dass die Umweltsünden, die in oder von den Industrienationen begangen worden sind, in den Entwicklungsländern wiederholt werden: "It would be nice to think that people in the developing countries won't do the same terrible things that we've done for centuries, but I can't see how." (Z. 38–40). Als Beispiele nennt er den Umgang mit Plastiktüten und den Kauf alter Autos, die viele Abgase ausstoßen (vgl. Z. 40–43)

7. true

   Hinweis: "What I'd like to see are the industrial nations helping the poorer ones to develop in a green way. It would be nice if the world could work together, just for once, on an issue that affects everyone." (Z. 44–46)

Listening Test 11: Five-star hotel or wilderness?

Hinweis: In diesem Hörtext werden sieben Passanten zum Thema Urlaub befragt. Anhand ihrer Äußerungen musst du die Gedankenblasen A–H den richtigen Personen zuordnen und in die Tabelle eintragen. Eine Gedankenblase bleibt bei dieser Matching-Aufgabe übrig.

John	Olivia	Hailey	Carter	Josh	Sara	Lara
H	**C**	**E**	**G**	**F**	**A**	**D**

Hinweis

zu John: "my wife and I usually go to a luxurious boutique hotel on Vancouver Island that doesn't allow small children. We go for long walks in the woods, get massages, go to the sauna and enjoy the fantastic food there." (Z. 6–9)

zu Olivia: "I don't want to be seen as a tourist. [...] I usually go couchsurfing [...]. It's a great and cheap way to meet locals, make new friends and explore places far away from the typical tourist paths." (Z. 11–14)

zu Hailey: "I wouldn't like to go couchsurfing. I think it's dangerous" (Z. 15/16)

zu Carter: "I love hiking and fishing and being outside 24/7" (Z. 21/22)

zu Josh: "Camping is great, isn't it?" (Z. 25); "I like sleeping in the comfy bed of the mobile home" (Z. 26/27)

zu Sara: "Staying at a hotel's just too expensive" (Z. 31)

zu Lara: "my best friend Lisa still lives in Frankfurt, so when I go on holiday, I always visit her." (Z. 35/36)

Listening Test 12: What's on your plate?

Hinweis: In diesem Hörtext werden sieben Passanten zum Thema Ernährung befragt. Anhand ihrer Äußerungen musst du die Gedankenblasen A–H den richtigen Personen zuordnen und in die Tabelle eintragen. Eine Gedankenblase bleibt bei dieser Matching-Aufgabe übrig.

Henry	Liam	Clare	Finn	Colin	Hanna	Tessa
D	**C**	**A**	**F**	**E**	**H**	**B**

Hinweis
zu Henry: "I'm single and I think it's too much work to cook just for myself" (Z. 7/8)
zu Liam: "my freezer's full of ready-made meals, which I simply pop into the microwave." (Z. 12/13)
zu Clare: "I've been a vegan for two years. My diet is plant-based and I avoid all animal foods" (Z. 16/17)
zu Finn: "There's nothing I enjoy more than a big chunk of steak. All my family love meat" (Z. 20/21); "In the summer, we have a barbecue at least once a week." (Z. 23)
zu Colin: "I got involved in a community garden last year. We share a garden and grow all kinds of fruit and vegetables" (Z. 27/28)
zu Hanna: "I consider myself a part-time vegetarian, because I usually eat vegetarian meals, but when I go out for dinner, I sometimes order fish or chicken." (Z. 33–35)
zu Tessa: "One of my new year resolutions is to lose some weight. That's why I'm trying to cut down on sugar and carbohydrates." (Z. 36/37)

▶ Lösungen zum Bereich „Reading“

Hinweis: In diesem Kapitel wird dein Leseverständnis überprüft. Da du hier die Möglichkeit hast, die Texte mehrmals durchzulesen, relevante Textstellen zu markieren und die Aufgaben in Ruhe mit den Lesetexten zu vergleichen, werden genauere Details abgefragt als in den Aufgaben zum Hörverstehen.

Reading Test 1: What can we do today?

Hinweis: Lies dir die vier Anzeigen und die zugehörigen Aussagen aufmerksam durch. Entscheide dann, ob die „statements“ richtig oder falsch sind. Beachte, dass die Aussagen nicht der Reihenfolge der Texte entsprechen müssen. Das bedeutet, dass du ganz konzentriert arbeiten und überlegen musst, auf welche Anzeigen sich die Aussagen jeweils beziehen.

1. true

   Hinweis: In der ersten Anzeige geht es um einen Klettergarten, der an „dry days only“ geöffnet ist. Die Aussage ist somit richtig.

2. true

   Hinweis: In der zweiten Anzeige geht es um Westwood House. Die Besitzer des Anwesens bieten Besichtigungstouren an, bei denen sie die Besucher selbst herumführen. Da in der Anzeige steht, dass die Besucher Geschichten – unter anderem über „ghosts“ – zu hören bekommen, bedeutet das, dass die Familie Westwood bestens mit den Gespenstergeschichten vertraut sein muss.

3. true

   Hinweis: Im Tigby Zoo (vgl. Anzeige 3) gibt es einen Bereich für Kinder, in dem Tiere gefüttert werden können: "feed the animals in the Children's Corner".

4. true

   Hinweis: Diese Aussage bezieht sich auf die vierte Anzeige. Interessenten können einen Oldtimer mieten und bekommen für ihren Tagesausflug noch ein „elegant picnic with homemade food“ gestellt. Dass die Kunden sich das Essen aussuchen, ist nicht vorgesehen.

5. false

   Hinweis: Hier musst du ganz genau lesen, denn in der Aussage steht „new house“, Lord und Lady Westwood wohnen aber in einem Haus aus dem „15th century“. Das Haus ist somit alles andere als neu; die Aussage ist folglich falsch.

6. false

   Hinweis: Nun geht es wieder um den Klettergarten in Anzeige 1. Sieh dir die Anzeige genau an. Es gibt zwei Bedingungen, die erfüllt sein müssen, damit man den Klettergarten betreten darf: „Over 16? Over 1.60 m?“ Die Alterseinschränkung findest du sogar noch einmal beim Eintrittspreis.

7. false

   Hinweis: Westwood House ist nicht ganztägig geöffnet. Vielmehr müssen Besucher vorher bei der in Anzeige 2 angegebenen Telefonnummer anrufen und eine Führung buchen: "Open for private tours only".

8. true

   Hinweis: Hier ist ein kleines Wörtchen entscheidend. In Anzeige 4 steht, dass der Preis für die Miete eines Oldtimers inkl. Picknick bei mindestens 150 £ liegt: "<u>from</u> £ 150 a day". Diese Aussage ist somit korrekt.

9. false

   Hinweis: Ein Besuch des Zoos an einem Samstag ist möglich, denn der Zoo ist nur sonntags geschlossen: "Open: Mon – Sat" (Anzeige 3)

10. true

    Hinweis: Um entscheiden zu können, ob diese Aussage richtig oder falsch ist, musst du zwischen den Zeilen von Anzeige 2 lesen. Du musst erschließen, dass „people [who] made history“, also Menschen, die Geschichte geschrieben haben, berühmt (= „famous“) sind.

Reading Test 2: A birthday present

✎ *Hinweis: Auch hier liegen dir vier Anzeigen und etliche Aussagen dazu vor. Du sollst entscheiden, ob die „statements" richtig oder falsch sind. Beachte, dass die Aussagen nicht der Reihenfolge der Texte entsprechen müssen. Das bedeutet, dass du ganz konzentriert arbeiten und überlegen musst, auf welche Anzeigen sich die Aussagen jeweils beziehen. Lies auch die Aufgabenstellung aufmerksam, denn sie enthält wichtige Informationen, die du für die Bearbeitung der Aufgaben – insbesondere der letzten Teilaufgabe – brauchst.*

1. false

   ✎ *Hinweis: Bei „Back to the Wild" (Anzeige 2) geht es darum, zu erfahren, wie man „without a tent" in der Wildnis übernachten kann. Diese Aussage ist somit falsch.*

2. true

   ✎ *Hinweis: Diese Aussage bezieht sich auf die dritte Anzeige. Im Text steht „Each plane can take 1–3 people". Der Fixpreis bezieht sich auf den Flug und ist unabhängig von der Anzahl der Passagiere: „Price per take-off: £40". Folglich stimmt diese Aussage, denn drei Fluggäste können den Flugpreis untereinander aufteilen, sodass jeder nur ein Drittel des Preises zahlt.*

3. false

   ✎ *Hinweis: Der Fahrradverleih ist nur von Anfang April bis Mitte November geöffnet (vgl. Anzeige 1). Folglich sind weder E-Bikes noch andere Fahrräder rund ums Jahr verfügbar.*

4. false

   ✎ *Hinweis: Der Ausdruck „during the week" bedeutet „unter der Woche". Flüge werden jedoch nur „[e]very weekend in July and August" angeboten (vgl. Anzeige 3). Die Aussage ist also nicht richtig.*

5. true

   ✎ *Hinweis: Wenn du dir nicht sicher bist, auf welche Anzeige sich diese Aussage bezieht, suche nach Schlüsselwörtern in der Aussage und in den „adverts". Ein aussagekräftiges Wort in diesem „statement" ist „dream", das du auch in der vierten Anzeige wiederfindest. Im „Chocolate dream course" kannst du deine „chocolate fantasy" wahr werden lassen: "Then try making any chocolate fantasy you have yourself [...]"*

6. true

   Hinweis: Es gibt Fahrradwege unterschiedlichen Schwierigkeitsgrads für alle Könnerstufen: "Four different levels of tracks to follow: blue for beginners to black for experienced mountain bikers." (Anzeige 1)

7. false

   Hinweis: Bei „Back to the Wild" lernen die Teilnehmer, „what to cook without going to the supermarket" (Anzeige 2). Das bedeutet, dass sie kein Essen mitbringen sollen.

8. true

   Hinweis: Du kannst nach dem Ausschlussverfahren vorgehen, wenn du nicht sofort weißt, auf welche Anzeige sich dieser Satz bezieht. Um die Aktivitäten aus den Anzeigen 1, 2 und 4 zu buchen, stehen den Interessenten jeweils zwei Möglichkeiten offen. Nur der Flug ist ausschließlich telefonisch buchbar: "Phone the airport" (Anzeige 3). Außerdem kommt das Schlüsselwort „present" sowohl in der Anzeige als auch in der Aussage vor.

9. true

   *Hinweis: Beim „Chocolate dream course" zeigen die Veranstalter erst, was alles möglich ist, bevor die Teilnehmer*innen des Kurses selbst aktiv werden: "watch how we do wonderful things with [chocolate]. Then try making [...]" (Anzeige 4)*

10. false

    Hinweis: Aus der Aufgabenstellung weißt du, dass Holly und Lukes Mutter nicht besonders sportlich ist. Aus diesem Grund kannst du mit Sicherheit sagen, dass sie nicht den schwierigsten Weg für eine Fahrradtour wählen würde, denn dieser schwarze „track" ist nur für „experienced mountain bikers" (Anzeige 1).

Reading Test 3: Charities

Aufgabe 1

Hinweis: Es soll immer <u>eine</u> Person bzw. Personengruppe <u>einer</u> Organisation zugeordnet werden. Überlege dir, was die einzelnen Organisationen auszeichnet und was charakteristisch für die Personen ist. Suche nach Gemeinsamkeiten zwischen der Organisation und der Person bzw. Gruppe, der du sie zuordnest. Zwei „charities" bleiben übrig.

①	Don't Fall Down
②	ActionNow
③	Wild Trust
④	The RNLI
⑤	Off the Streets

Hinweis

zu ①: Mr Davies ist Architekt und fasziniert von Burgen und anderen interessanten Gebäuden. Die einzige Organisation, die ebenfalls mit Gebäuden zu tun hat, ist „Don't Fall Down". Das Schlüsselwort, das dir bei der Zuordnung hilft, ist „building".

zu ②: Jenny ist Lehrerin, ihr Mann Arzt. Das Paar lernte sich kennen, als sie beide in einem kleinen Dorf in Kenia arbeiteten. Sie entscheiden sich für „ActionNow", denn die Organisation „helps very poor families and their children in different parts of the world to have a better future." Die „charity" ruft zum Beispiel Dorfschulen ins Leben oder kümmert sich darum, dass Dörfer Zugang zu sauberem Wasser bekommen. Bildung und Gesundheit liegen Jenny und ihrem Mann aufgrund ihrer Berufe sehr am Herzen.

zu ③: Familie Smith ist sehr naturverbunden. Sie sind aufs Land gezogen, weil sie in einer unverschmutzten Umgebung leben wollen. Die Wohltätigkeitsorganisation, die am besten zur Familie passt, ist „Wild Trust", denn „[it] helps to protect the countryside in many different ways".

zu ④: Mike verbringt viel Zeit auf dem Wasser, seit er Segeln gelernt hat. Er möchte „The Royal National Lifeboat Institution" (kurz: „RNLI") unterstützen, die sich um erkrankte oder verunglückte Personen in und am Wasser kümmert.

zu ⑤: Charlie ist eine junge Frau, die auf eine äußerst problematische Vergangenheit zurückblickt, ihr Leben aber langsam wieder in den Griff bekommt. Um Jugendlichen ein ähnliches Schicksal zu ersparen, möchte sie „Off the Streets" unterstützen. Diese Wohltätigkeitsorganisation bietet jungen Menschen einen Aufenthaltsort mit vielfältigen Beschäftigungsmöglichkeiten und verhindert so, dass die Jugendlichen aus Langeweile Dinge tun, die sie später bereuen werden.

Aufgabe 2

Hinweis: Bei dieser Aufgabe geht es darum, relevante Informationen aus den Kurzbeschreibungen der Wohltätigkeitsorganisationen zu entnehmen. Es ist nicht notwendig, ganze Sätze zu schreiben. Überfliege die Texte und suche nach Schlüsselwörtern. Notiere Stichpunkte und prüfe am Ende, ob du alle Vorgaben (z. B. die Zahl der geforderten Details) berücksichtigt hast. Die Reihenfolge der gesuchten Aspekte entspricht nicht der Reihenfolge der Kurzbeschreibungen; du musst also ganz konzentriert arbeiten.

① problems in developing countries (4 aspects)	• **little food** • **polluted drinking water** • **disease(s)** • **no schools / no education**
② what a ruin often looks like (3 aspects)	• **(looks) dirty** • **high grass in the gardens** • **ivy on the outside walls and roof** • **collapsed roof** • **broken windows** • **damaged walls**
③ problems which old people in small villages often have to deal with (2 aspects)	• **few buses** • **only one shop** • **no doctor** • **they need help around the house, but no help is available**
④ charities that save injured people (2 charities)	• **the RNLI** • **Lakeland Mountain Rescue Centre**
⑤ a charity which owns land	**Wild Trust**
⑥ serious problems among bored young people in a troublespot in Manchester (3 aspects)	• **vandalism** • **gang culture** • **(excessive) consumption of alcohol** • **drug abuse**
⑦ what Care uses the donated money for (2 examples)	• **(for) petrol** • **(for) tools**

⑧ what rebuilt or renovated buildings are sometimes used as (2 examples)	**(as) museums** **(as) activity centres**
⑨ what a charity offers young people in order to prevent them from getting into trouble (2 aspects)	• **a place to go / a safe place to spend their free time** • **something to do / fun (leisure) activities** **or:** • **(a) skateboard area** • **(a) football pitch** • **table tennis tables**
⑩ a charity which wants to raise awareness for the environment	**Wild Trust**

Hinweis

zu ①: Die Probleme, die in Entwicklungsländern auftreten, werden in der Beschreibung von „ActionNow" angesprochen: "With little food, polluted drinking water, disease and no schools, the future is not good for these people." Du musst alle vier Aspekte nennen.

zu ②: Die Wohltätigkeitsorganisation „Don't Fall Down" bringt heruntergekommene Gebäude wieder in Stand. Wie diese Ruinen manchmal aussehen, wird zu Beginn der Anzeige beschrieben. Hier reicht es, wenn du drei der sechs möglichen Aspekte nennst.

zu ③: Die Organisation „Care" kümmert sich um ältere Menschen. Gleich im ersten Absatz der Anzeige findest du die relevanten Details. Hier ist es ausreichend, wenn du zwei Aspekte nennst.

zu ④: Um auf diese Lösung zu kommen, musst du wahrscheinlich alle „charities" noch einmal überfliegen. Wenn du nach dem Schlüsselwort „injured" suchst, wirst du auch bei der Anzeige des „Wild Trust" fündig. Allerdings geht es darin um verletzte Tiere und nicht um Menschen. Diese „charity" passt deshalb nicht. In den Anzeigen von „The RNLI" und „Lakeland Mountain Rescue Centre" kommt zwar das Wort „injured" selbst nicht vor, aber Ausdrücke, die zu diesem Wortfeld passen: „saving other people", „very ill", „go to hospital" (The RNLI); „accidents", „saved the lives of 72 people", „broken a leg or an arm" (Lakeland Mountain and Rescue Centre).

zu ⑤: Du musst ganz genau lesen, um die richtige Textstelle zu finden: „It looks after the birds and the animals found on <u>its</u> land". Allein an der Verwendung des Possessivbegleiters „its" kannst du festmachen, dass „Wild Trust" bereits in Besitz von Land ist und nicht nur vorhat, Land zu erwerben.
zu ⑥: Die Organisation „Off the Streets" kümmert sich um junge Menschen, die in einem sozialen Brennpunkt von Manchester leben. Aufgrund von Langeweile entstehen dort Probleme wie Vandalismus, Alkohol- und Drogenmissbrauch sowie die Bildung von Gangs. „Off the Streets" möchte den Jugendlichen einen Zufluchtsort und Perspektiven bieten und damit diesen Problemen entgegenwirken.
zu ⑦: Hier wird bereits in der Aufgabenstellung die Wohltätigkeitsorganisation genannt, sodass du schnell auf die Lösung kommen kannst. Im letzten Absatz der Anzeige wirst du fündig: "these services need money – for petrol, for tools and for many other things."
zu ⑧: Die einzige „charity", die sich um Gebäude kümmert, ist „Don't Fall Down". Sieh also gleich dort nach: "Sometimes [these buildings] become museums or activity centres [...]"
zu ⑨: Hier geht es wieder um „Off the Streets". Deine Antwort kann entweder allgemein formuliert sein wie die ersten beiden Lösungsvorschläge, oder aber du nennst konkrete Beispiele wie z. B. den Fußballplatz oder die Tischtennisplattten.
zu ⑩: Nachdem du dich schon so intensiv mit den „charities" auseinandergesetzt hast, fällt dir vielleicht gleich die passende Organisation ein. Auch wenn du dir sicher bist, solltest du deine Antwort noch einmal anhand des Textes überprüfen. Weißt du die Lösung nicht auf Anhieb, überfliegst du am besten noch einmal alle Anzeigen und suchst nach Schlüsselwörtern, die mit „environment" zu tun haben. Du wirst bei „Wild Trust" fündig: „protect the countryside", „looks after the birds and the animals", „bring people closer to nature" ...

Reading Test 4: The Royal Theatre

Aufgabe 1

Hinweis: Bei dieser Aufgabe ist es wichtig, dass du sowohl die Personenbeschreibungen als auch die Annoncen für die Theaterstücke genau liest, damit du – ausgehend von den Vorlieben und Ansprüchen – den beschriebenen Personen auch das richtige Theaterstück zuordnen kannst. Zwei Theaterstücke können nicht zugeordnet werden.

① Harry	② Brooke	③ Amy	④ Rory	⑤ Harper
C – Macbeth	**D – Jack**	**E – Pickles**	**G – Washington**	**B – Summer Holiday**

Hinweis:
zu Harry: Harry studiert Englisch und liest gerade einige bekannte Theaterstücke, von denen er eines ganz besonders gut findet. Es handelt sich um ein Stück mit starken Charakteren, die in einen Machtkampf verwickelt sind. In dem Stück passieren auch „evil things", also böse Dinge. → In Macbeth, einem berühmten Stück von Shakespeare, sind alle diese Elemente enthalten: "Witches, blood, murder. […] Macbeth and his wife murder the King and then Macbeth takes over."
zu Brooke: Brooke begleitet ihre Freunde zwar manchmal in ein Musical, doch wenn sie, wie hier beschrieben, alleine ins Theater geht, wählt sie ein anderes Genre aus. Brooke lässt sich nicht leicht Angst einjagen und interessiert sich sehr für wahre Begebenheiten, die auch gerne längere Zeit zurückliegen können. → Es gibt zwei Stücke, die eine „true story" erzählen, und zwar „Jack" und „Washington". Da es sich jedoch bei „Washington" um ein Musical handelt, entscheidet sich Brooke für „Jack".
zu Amy: Das Schlüsselwort in der Beschreibung ist „animal mad". Amy möchte ihren Enkeln eine Freude machen und sie ins Theater einladen. Sie muss also ein Stück aussuchen, das für Familien bzw. Kinder geeignet ist. Alle weiteren Informationen, die in der Beschreibung gegeben werden, sind für die Wahl des Theaterstücks nicht relevant. → Da alle Mitglieder der Familie Tiernarren sind, kauft Amy Karten für „Pickles", „a real family story", in der es um „a loveable dog" geht.

zu Rory: Rory ist Musiker und hat gerade seine eigene Band gegründet. Ihm ist es wichtig, dass Liedtexte eine Botschaft vermitteln. Nichtssagende Lyrics kann er nicht ausstehen. → „Washington" ist ein Musical, das „rap songs" enthält, die die Geschichte von George Washington erzählen. Da sich Rory auch für Amerika interessiert, trifft das Musical genau Rorys Geschmack.
zu Harper: Harper stammt aus einer großen Familie. Sie möchte mit ihren Geschwistern ins Theater gehen, um Spaß zu haben. → Harper kauft Tickets für das Musical „Summer Holiday", in dem es um eine Gruppe junger Leute geht, die ihre Zeit genießen und gleichzeitig ein Abenteuer erleben. Du findest sowohl in der Personenbeschreibung als auch in der Beschreibung des Musicals das Schlüsselwort „fun". Harper hofft, dass das Stück ihnen allen Anregungen für das kommende Jahr geben wird, d. h., sie möchte wahrscheinlich mit ihren Brüdern und ihrer Schwester einen Roadtrip unternehmen.

Aufgabe 2

Hinweis: Zum Lösen der Aufgabe kannst du dir die Annoncen für die einzelnen Stücke noch einmal aufmerksam durchlesen, denn es wird nach Einzelheiten gefragt. Markiere die relevanten Textstellen, sodass du sie schnell wiederfindest, wenn du deine Antworten am Ende überprüfen willst.

a) Daniel Defoe

Hinweis: Aufgrund der Nennung des Theaterstücks in der Frage weißt du gleich, in welcher Anzeige du nach der Textstelle suchen musst: "this story starts before Daniel Defoe's famous book." (Anzeige A)

b) (in) the East End of London / (in) London's East End

Hinweis: Die Lösung findest du in Anzeige D: "You won't want to walk down the East End streets of London [...]" Arbeite genau, denn wenn du nur „London" angeben würdest, wäre das nicht ausreichend.

c) an old-fashioned drama / a drama / a play

Hinweis: Auch hier brauchst du nicht lange zu suchen: "A good old-fashioned drama [...]"; "you'll spoil the play for them." (Anzeige F)

d) (at) Christmas

Hinweis: Das einzige Theaterstück, das von einem Hund handelt, ist „Pickles": "Her story begins as a Christmas present to the Borrowdales' children." (Anzeige E)

e) (a) famous singer

Hinweis: Bobby kommt im Musical „Summer Holiday“ vor: “Bobby isn't just any normal girl, she's a famous singer [...]” (Anzeige B)

f) Macbeth

Hinweis: Hexen kommen nur bei „Macbeth“ vor. Macbeth selbst ist es auch, der den Hexen begegnet: “Macbeth [is] on his way home [...] [and meets] three horrible, old, dirty witches [...]. They tell him [...]” (Anzeige C)

g) the French

Hinweis: In Anzeige G erfährst du, gegen welche Feinde George Washington kämpfte, bevor er der erste amerikanische Präsident wurde: “he fights against the French and then the British.”

Reading Test 5: “We may be ‘born free’, but ...”

Hinweis: In diesem Lesetext geht es um die Generation der „born frees“ in Südafrika. Lies dir den Text zuerst einmal in Ruhe durch, damit du weißt, wovon er handelt. Deine Aufgabe ist es, zu den sieben vorgegebenen Satzanfängen die passenden Satzenden zu finden.

1. c – young South Africans born after the end of apartheid.

   Hinweis: Gleich im ersten Absatz findest du die relevante Textstelle: “In South Africa, young people born after 1994 [...] are often referred to as ‘born frees’. They are the first generation to grow up in a free and democratic society, the first who no longer experienced the system of racial segregation [...]” (Z. 1–8)

2. a – lost their political voice.

   Hinweis: Die nicht weiße Bevölkerung durfte während des Apartheid-Regimes nicht wählen: “they were not allowed to vote” (Z. 25/26). Diese Menschen wurden gezwungen, in bestimmten Gebieten zu wohnen. Dass die sogenannten „homelands“ arm waren, steht nicht explizit im Text.

3. c – consider it normal to be living in a democratic society.

   Hinweis: Nur Aussage c) lässt sich anhand des Textes durch eine Aussage Mbalis belegen: “I think for most of our generation it's normal to move around freely or be allowed to vote.” (Z. 39–42) Dass Südafrika heute eine Demokratie ist, steht in Zeile 6.

4. c – face difficult employment prospects.
   Hinweis: Hier musst du ganz genau lesen. "'[...] there simply aren't enough jobs,' Mbali says. [...] about 50 per cent of South Africans between the ages of 15 and 24 are out of work. Black Africans seem to be particularly at risk of facing long-term joblessness." (Z. 50–59) Das Problem der Arbeitslosigkeit betrifft also alle jungen Leute in Südafrika, wohingegen vor allem die Menschen schwarzer Hautfarbe von Langzeitarbeitslosigkeit und schlechter Bezahlung betroffen sind. Von positiven Zukunftsaussichten ist im Text nicht die Rede.

5. b – can still be felt.
   Hinweis: Die relevante Textstelle ist: "not so much has changed. Even 20 years after the end of apartheid, the old inequalities are still in place." (Z. 66–70)

6. a – stay in her country.
   Hinweis: Im letzten Absatz geht es um Mbali und ihre Zukunftspläne: "Has she ever considered leaving South Africa and moving to another country? '[...] no, never'." (Z. 71–74)

7. a – build a new South Africa.
   Hinweis: Der letzte Satz hilft dir dabei, das richtige Satzende zu finden: "There are so many creative people, people who want to change things. We may be 'born free', but there's still a lot for us to do in this society." (Z. 76–80) Lass dich durch die Verwendung von „creative" in Z. 76 und „create" in Satzende c) nicht verwirren. Auch wenn hier zwei Wörter zu ein und derselben Wortfamilie gehören, bedeutet das nicht automatisch, dass diese Wahlmöglichkeit die richtige ist.

Reading Test 6: Young Refugees Learn about U.S. on the Soccer Field

Hinweis: Dieser Lesetext handelt von einem Fußballverein in Phoenix, Arizona, in dem Kinder und Jugendliche vieler verschiedener Nationalitäten gemeinsam Sport treiben und Freundschaften schließen. Der Verein versucht, seine Mitglieder, die zum Teil erst kürzlich in die USA eingewandert sind, „aufzufangen" und ihnen die Integration in die amerikanische Gesellschaft zu erleichtern, indem sie Frage und Antwort stehen und sich auch außerhalb des Trainings mit den sechs- bis 18-Jährigen beschäftigen. Auch hier sollst du wieder das jeweils richtige Satzende auswählen. Allerdings gibt es dieses Mal vier Wahlmöglichkeiten.

1. c – Thailand.
   Hinweis: Wins Familie stammt ursprünglich aus Myanmar, das oftmals auch Burma – im Deutschen auch Birma – genannt wird. Er selbst wurde jedoch in Thailand geboren: "Win was born in Thailand [...]" (Z. 6/7)

2. c – and his parents have separate flats.
   Hinweis: Die Wohnsituation von Wins Familie ist sehr beengt. Die Großfamilie teilt sich zwei Wohnungen, wobei Win mit einer Schwester und ihren drei Kindern in einer Wohnung lebt, seine Eltern mit drei weiteren Kindern in der Nachbarwohnung: "Win and his nine family members share two apartments. [...] Win's parents and three other children live in another apartment." (Z. 17–23)

3. b – being in danger.
   Hinweis: Bevor Win in die USA kam, war sein Leben oft in Gefahr. Jetzt braucht er keine Angst mehr davor zu haben, erschossen zu werden: "I get to play more soccer without worrying about gunshots." (Z. 25–27) Zwar hat er nun auch bessere Bildungschancen, doch über seine „education" hatte er sich vorher auch keine wirklichen Sorgen gemacht.

4. b – can learn more than just soccer rules.
   Hinweis: "The soccer club has helped him make friends and learn about his new home. His coaches have taught his family about life in the United States." (Z. 28–31)

5. b – motivate the refugees.
   Hinweis: "Ruiz tells them 'you're not different. You're here. And you can become anything you want.'" (Z. 41–44) Indem Alondra den Jugendlichen vermittelt, dass ihnen die Welt offensteht und sie alles erreichen können, versucht sie, sie zu motivieren.

6. d – integration.
   Hinweis: Obwohl Alondra sich selbst illegal in den USA aufhält und keine Arbeitserlaubnis hat, bezieht sich diese Teilaufgabe auf die Aussage in den Zeilen 50 bis 54: "What I hear often is that they're being treated different at school, that they're not being accepted. I relate to that 100 percent." Zwar sprechen die Jugendlichen mit Alondra aller Wahrscheinlichkeit nach auch über die anderen Themen, die in den Satzenden vorkommen, im Text wird jedoch explizit nur auf das Problem der Integration eingegangen. Daher ist Wahlmöglichkeit d) richtig.

7. b – but they can succeed.
   Hinweis: Im letzten Absatz geht es um Zara Doukoum, die anfangs auch Probleme – unter anderem mit der englischen Sprache – hatte, nun aber kurz vor ihrem Schulabschluss steht und danach gerne ein College besuchen möchte: "Zara Doukoum knows what the other refugee students have dealt with […]. This year she will graduate from Central High School, […]. She wants to attend college, where she may play soccer or tennis." (Z. 62–76) Sie ist also das beste Beispiel dafür, dass man als Einwanderer die anfänglichen Schwierigkeiten überwinden und erfolgreich sein kann.

Reading Test 7: Cruise ships can seriously damage your health

Hinweis: Bereits an der Gestaltung kannst du erkennen, dass es sich hier um eine Website handelt. Der Reiseblog enthält Einträge zu völlig verschiedenen Themen. Für die Aufgabe ist jedoch nur der letzte Eintrag, der vom Kreuzfahrttourismus handelt, relevant. In der Multiple-Choice-Aufgabe sollst du die richtigen Satzenden finden, wobei jeweils drei Möglichkeiten zur Auswahl stehen. Arbeite also ganz genau und versuche, die exakten Textstellen zu finden, die belegen, dass deine ausgewählten Satzenden richtig sind.

1. b – a long history attached to it.

   Hinweis: Cádiz kann auf eine über 3,000-jährige Geschichte zurückblicken: "Cádiz [...] began life more than 3,000 years ago." (Z. 3/4). Ob die Stadt seit ihrer Gründung eine wichtige Rolle gespielt hat oder erst kürzlich an Bedeutung gewonnen hat, ist dem Text nicht zu entnehmen. Der Text thematisiert auch nicht, ob die andalusische Stadt unter Touristen einen guten Ruf genießt. Die Aussage "It sounded an interesting place to visit" (Z. 4/5) ist nur die subjektive Meinung der Autorin.

2. c – the mass of visitors from the ships.

   Hinweis: Die Bloggerin – du kannst der Webadresse entnehmen, dass es sich um eine Frau handelt, die diese Seite betreibt – stört sich an den Menschenmassen, die in die Städte einfallen: "thousands of passengers [...] invaded the city centre like an attacking army – and ruined it." (Z. 7/8) Sie kritisiert auch die Umweltverschmutzung und Lärmbelastung, die von den Ozeanriesen ausgeht, doch zu diesen Aspekten gibt es kein Satzende. Zwar werden die Touristen im Text mit einer Armee verglichen, dennoch passt „army" als Antwort nicht. Auch auf die Ankunft der Schiffe geht die Bloggerin nicht explizit ein.

3. c – considering taking action to halt the trend.

   Hinweis: Denke immer daran, dass du ein Satzende auswählen musst, das sich durch ein Textzitat belegen lässt. Im Text sind zwei Beispiele dafür zu finden, dass einige Städte im Mittelmeerraum versuchen, dem Kreuzfahrttourismus Einhalt zu gebieten: "Venice [...] wants to ban them. Dubrovnik [...] is looking at ways to stop the invasion." (Z. 12–15)

4. b – from a website.
   Hinweis: "I saw an advert last week when I was online [. . .]" (Z. 16) Das bedeutet, dass die Anzeige nicht in einer Zeitung abgedruckt, sondern im Internet verfügbar war.
5. a – change them completely.
   Hinweis: "Some of these communities had fewer than 500 inhabitants. The ship, though, could carry more than 1,400 passengers. Imagine how the way of life there will change – hunting and fishing to selling coffee, cakes and postcards?" (Z. 18–21)
6. c – do not seem to worry about the cost of their trips.
   Hinweis: Die Zahl der Menschen, die an Bord eines Kreuzfahrtschiffes Urlaub machen, wächst weiterhin, sodass du Wahlmöglichkeit a) ausschließen kannst, denn „(to) decrease" bedeutet genau das Gegenteil von „(to) increase", das im „present progressive" in Z. 26 vorkommt. Dieser Satz gibt dir dennoch den entscheidenden Hinweis: "the cruise ship industry is [. . .] continually increasing <u>in spite of</u> cruises being expensive." (Z. 25/26) Ob Kreuzfahrten immer teurer werden, steht nicht im Text.
7. a – a large number of employees.
   Hinweis: "The largest cruise ship has nearly 9,000 people on it – 6,800 guests, and the rest are crew." (Z. 30/31) Eine Besatzung von rund 2,200 Personen kann in jedem Fall als eine große Anzahl angesehen werden.

Reading Test 8: Volunteering in Australia

Hinweis: In diesem Text geht es um Freiwilligenarbeit in Australien. Wichtig ist hier, dass du den Text und die Aussagen genau liest, denn oftmals entscheidet nur ein einziges Wort, ob eine Aussage richtig oder falsch ist. Am besten markierst du die relevanten Textstellen, damit dir keine Fehler bei den Zeilenangaben unterlaufen.

1. false – lines 1/2
   Hinweis: Australien gehört zwar zu den beliebtesten Ländern für ein „gap year", ist aber nicht unbedingt das beliebteste: "Australia has long been one of the top gap-year destinations [. . .]"
2. false – lines 8/9 **or** 10–13
   Hinweis: Zwar wollen viele junge Leute ein ganzes Jahr im Ausland verbringen, doch sie wollen nur „voluntary work for a few weeks" machen. Auch im nächsten Absatz steht nichts davon, dass die Freiwilligen ein Jahr lang helfen. Vielmehr sind viele bereit „to get their hands dirty for a while".
3. true – lines 13/14
   Hinweis: Da Tiere auch zur Natur zählen, ist diese Antwort richtig: "Most of those projects focus on the protection of wildlife [. . .]"
4. true – lines 13–22
   Hinweis: Indem sie z. B. Müll einsammeln, Bäume pflanzen oder nicht endemische Pflanzen entfernen, helfen die „volunteers", einen natürlichen Lebensraum für bedrohte Tierarten zu schaffen: "Most of those projects focus on the protection of wildlife, such as looking after endangered animals [. . .] volunteers can help to restore the typical living space of these species."
5. false – lines 22–25
   Hinweis: Die freiwilligen Helfer arbeiten häufig in Nationalparks. Typische Arbeiten sind z. B. das Errichten von Zäunen und die Gestaltung und Instandhaltung von Wegen. An der Gründung von Nationalparks sind sie jedoch nicht beteiligt: "Constructing and maintaining walking trails or building fences in national parks are also very common activities."

6. false – lines 28/29

   Hinweis: Eine weitere Aufgabe der „volunteers" kann es sein, Kameras aufzustellen, die für die Beobachtung bedrohter Tierarten benutzt werden. Gemäß des Textes gehört das Fotografieren der Tiere nicht zu ihrer Arbeit: "setting up cameras to monitor endangered species."

7. true – lines 31–34

   Hinweis: "Australia is also known as a nation of volunteers with 38 % of women and 34 % of Australian men volunteering regularly."

8. true – lines 34–36

   Hinweis: Das Feedback der freiwilligen Helfer, die an den verschiedenen Projekten teilnehmen, ist durchwegs positiv. Die Helfer haben Spaß und erleben eine aufregende Zeit, in der sie auch neue Freundschaften schließen: "Apart from spending an adventurous time and making new friends [...]"

9. true – lines 45–50

   Hinweis: "It is especially young people who set out on a gap year who feel that volunteering also makes a difference to themselves. 'I've grown as a person and conquered so many fears,' says Maggie from Canada."

Reading Test 9: The Double Life of Cassiel Roadnight

Hinweis: Bei den Aufgaben zum Leseverstehen könnte dich in der Abschlussprüfung auch ein literarischer Text erwarten. In diesem Test kannst du überprüfen, wie du damit zurechtkommst.
Lies den Text aufmerksam, wenn nötig, auch mehrere Male, bis du die Situation verstanden hast. Lass dich nicht verunsichern, wenn du nicht jedes einzelne Wort des Textes verstehst. Schaue nur die Wörter im Wörterbuch nach, die du für das Verständnis des Textes und der Aufgaben brauchst.

Aufgabe 1

Hinweis: Entscheide, welche Satzenden die Satzanfänge richtig vervollständigen.

a) ... because he desperately needs something to eat.
Hinweis: "I'd [...] walked in off the streets half-starved, because I had to." (Z. 2–4) Der Ausdruck „half-starved" bedeutet „halb-verhungert".

b) ... not mentioned.
Hinweis: Gordon ist der Name des Mannes, der den Erzähler befragt – diese Möglichkeit scheidet also aus. „Cassiel Roadnight" ist ebenfalls falsch, da der Erzähler an einer Stelle ausdrücklich sagt, dass dies nicht sein Name sei (vgl. Z. 31) Lass dich nicht davon täuschen, dass er sich am Ende als Cassiel Roadnight ausgibt. Wie der Erzähler in Wirklichkeit heißt, erfahren wir als Leser nicht.

c) ... think he might be a missing person.
Hinweis: Gordon und Ginny vermuten, dass es sich bei dem Erzähler um einen vermissten Jungen handelt, und behandeln ihn deshalb besonders umsichtig (vgl. Z. 20–27).

d) ... a person he does not know.
Hinweis: Lass dich hier nicht in die Irre führen. Der Erzähler ist zwar im ersten Moment erstaunt, dass der Junge auf dem Bild genau wie er selbst aussieht. Nach einigen Momenten erkennt er aber einige Unterschiede, z. B. dass der Junge keine Narben, keine Ohrlöcher und schöne Zähne hat – das Bild zeigt also nicht ihn selbst (vgl. Z. 44). Der Erzähler scheint die Person auch nicht zu kennen, da er sich wundert, „how incredible it was to [...] look exactly like a total stranger" (Z. 57/58).

e) ... take on a new identity.
Hinweis: Der Erzähler beschließt am Ende, sich als Cassiel Roadnight, der Junge aus der Vermisstenanzeige, auszugeben (vgl. Z. 72).

Aufgabe 2

Hinweis: Hier sollst du die Tabelle vervollständigen. Halte dich an die vorgegebene Anzahl an Aspekten, die erwartet werden.

what the narrator gets at the hostel (2 aspects)	• **(old) clothes** • **(two) meals / food** • **(a) (dry) place to sleep / (a) bed / (a) roof over his head**
what the narrator looks like (2 aspects)	• **(he) has (two) scars** • **(he) has (five) piercings in his ears** • **(he) has bad teeth / his teeth are bad**

Hinweis

zu „what the narrator gets at the hostel": In den Zeilen 5–8 wird beschrieben, wie der Erzähler in der Obdachlosenunterkunft versorgt wird: "They gave me old clothes, [...] two meals and a dry place to sleep." Es reicht, wenn du zwei Punkte angibst.

zu „what the narrator looks like": Über das Aussehen des Erzählers erfahren wir insgesamt drei Dinge, nämlich dass er Narben im Gesicht hat, dass er Ohrlöcher hat und dass seine Zähne schlecht sind (vgl. Z. 39–41). Es reicht, wenn du zwei Aspekte nennst.

Aufgabe 3

Hinweis: Gehe den Text noch einmal durch und markiere die relevanten Textstellen, damit dir keine Fehler bei den Zeilenangaben unterlaufen. Denke daran, dass du bei diesem Aufgabenformat in Klassenarbeiten und in der Abschlussprüfung nur einen Punkt bekommst, wenn du auch die jeweilige(n) Zeile(n) richtig angibst.

a) true – lines 1/2

Hinweis: Die Unterkunft liegt „somewhere" in „east London"; eine genauere Angabe gibt der Erzähler nicht.

b) false – lines 2/3

Hinweis: Der Erzähler hält sich schon seit ein paar Tagen in der Unterkunft auf: "I'd been there a couple of days [...]"

c) true – line 22

Hinweis: Der Junge auf dem Bild, Cassiel Roadnight, wird seit fast zwei Jahren vermisst.

d) true – line 31 **or** lines 44/45

Hinweis: Als ihn Gordon und Ginny mit dem Foto des vermissten Jungen konfrontieren, denkt der Erzähler zuerst "My name is not Cassiel Roadnight. It never has been" und antwortet den beiden dann mit „No." Erst gegen Ende des Textausschnittes entschließt er sich, dessen Identität anzunehmen (vgl. Z. 65–72).

e) false – lines 1–4 **or** lines 42–44 **or** lines 63–65

Hinweis: Als dem Erzähler das Bild des vermissten Jungen vorgelegt wird, kann er die Ähnlichkeit zuerst nicht fassen, doch dann fallen ihm Unterschiede auf: "In the picture [...] I was happy and well fed and wholesome. In other words, it wasn't me." Seine Verzweiflung drückt er auch später aus, wenn er denkt: "And what did I have? Nobody. Nothing. [...] I always wanted to be someone else." Auch zu Beginn des Textes wird klar, dass der Erzähler mit seiner jetztigen Situation unzufrieden ist, denn er war „half-starved" und musste deshalb in dem „hostel, a stop-off for impossible kids" Unterschlupf suchen.

▶ Lösungen zum Bereich „Mediating“

Hinweis: In diesem Kapitel musst du zeigen, dass du Informationen von einer Sprache in die andere übertragen kannst – vom Deutschen ins Englische und umgekehrt. Es ist wichtig, dass du daran denkst, dass „mediating“ nicht „übersetzen“ heißt. Deshalb sind auch die Antworten in den Lösungen nur Beispiele. Sie enthalten allerdings die wichtigsten Informationen, die auch in deinen Antworten vorkommen sollten.

Aufgabe 1

Hinweis: Diese Übung bereitet dich auf die Sprachmittlung vor. In Teil a) liegen dir drei Schilder aus England vor. Deine Aufgabe ist es, jemandem, der kein Englisch spricht, zu erklären, was auf den Schildern steht. Die kaum lesbaren, klein gedruckten Informationen, brauchst du nicht zu erwähnen – sie sind nebensächlich. In Teilaufgabe b) sollst du die Informationen der deutschsprachigen Schilder auf Englisch erklären.

a) **Schild 1:** Hier darf man keinen Alkohol auf der Straße trinken.
Schild 2: Die Polizei warnt davor, Wertgegenstände (wie Geld, ein Handy, ein Fernglas oder einen Fotoapparat) im Auto zu lassen.
Schild 3: Auf dem Schild steht, dass man keine Vögel füttern darf. Dies verstößt gegen das Gesetz und man kann zu einer Geldstrafe von bis zu 500 £ verurteilt werden.

b) **Sign 1:** This is a private area./This is private land. You are not allowed to sit on the steps./You mustn't sit on these steps.
Sign 2: Be careful here – there is a dog which bites.
Sign 3: You can throw your old tin cans/tins/cans into this container on workdays between 7 a.m. and 7 p.m.

Aufgabe 2

Hinweis: Beim „Mediating“ wird dir meist eine bestimmte Situation vorgegeben, in die du dich hineinversetzen sollst. Die Arbeitsanweisungen können auf Deutsch oder Englisch formuliert sein. Die Aufgabe ist meist in der Sprache gestellt, in der du deine Antwort formulieren musst.

Das Schild fordert dich auf, das Sicherheitspersonal zu informieren, wenn sich jemand an deinen Taschen zu schaffen gemacht hat oder wenn dich jemand darum gebeten hat, etwas für ihn mit ins Flugzeug zu nehmen.

Aufgabe 3

Hinweis: Du sollst hier die wichtigsten Punkte des Artikels auf Deutsch zusammenfassen. Lies den Text ein erstes Mal aufmerksam durch, damit du weißt, wovon er handelt. Markiere dann beim zweiten Lesen des Artikels alle relevanten Textstellen farbig. Beginne erst dann mit der Ausformulierung deiner Lösung. Da es sich bei dem Text laut Arbeitsanweisung um keinen tagesaktuellen Text handelt, solltest du dies in deinen Ausführungen berücksichtigen.

Ich habe einen etwas älteren Text im Internet gefunden, in dem es um eine kreative Methode geht, die die englische Polizei (in der Vergangenheit) zur Verbrechensbekämpfung eingesetzt hat. Ziel dieser Methode ist es, durch die Anwesenheit von Polizist*innen die Fälle von Ladendiebstählen zu verringern bzw. Autofahrer*innen davon abzuhalten, nach dem Tanken nicht zu bezahlen. Um Geld zu sparen und gleichzeitig die Polizeipräsenz in (Groß-)Städten zu erhöhen, hat die englische Polizei zur Abschreckung lebensgroße Polizisten und Polizistinnen aus Pappe in Tankstellenläden und Supermärkten aufgestellt. Die Idee scheint recht erfolgreich gewesen zu sein, aber einige Pappfiguren wurden schon gestohlen.

Aufgabe 4

Hinweis: Lies dir zunächst die Situationsbeschreibung und das Poster durch. Sieh dir dann die Fragestellung in Teilaufgabe a) an. Hier wird ganz konkret nach <u>einem</u> Aspekt auf dem Poster gefragt, das Poster enthält jedoch Informationen zu drei Ansätzen, die als Antwort passen würden. Lies den Text noch einmal und entscheide dich dann für den Aspekt, den du am besten auf Deutsch ausdrücken kannst.

a) • Die Besitzer des Hofes haben Hecken gepflanzt, um so der Bodenerosion entgegenzuwirken und um Vögeln die Möglichkeit zu bieten, darin zu nisten.
- Jedes bewirtschaftete Feld ist von einem Grünstreifen mit Wildblumen umgeben, in der Insekten und kleine Tiere leben. Auf diese Weise werden Schädlinge auf den Feldfrüchten auf natürliche Weise reduziert.
- Ihre Tiere werden im Freien – und nicht in Ställen – gehalten.

b) *Hinweis: In dieser Teilaufgabe besuchst du Highfields Farm. Aus gegebenem Anlass sollst du deiner kleinen Schwester nun erklären, wie sich die Besucher des Hofes zu verhalten haben. Beginne am besten mit der Erklärung, dass die Wege nicht verlassen werden dürfen, denn deine Schwester war gerade im Begriff, ebendies zu tun.*

Louisa, du kannst der Katze nicht einfach hinterherlaufen. Hier auf dem Schild steht, dass man auf den Wegen bleiben muss und auch keine Blumen pflücken darf. Außerdem dürfen wir keine technischen Geräte anfassen. Wenn wir Tiere gestreichelt oder Pflanzen berührt haben, müssen wir uns danach unbedingt die Hände waschen. Hast du das verstanden?

Aufgabe 5

Hinweis: Hier sollst du Informationen von drei Schildern in einem Gespräch an deinen Cousin weitergeben. Das Gespräch findet natürlich auf Deutsch statt. Achte darauf, dass du genau auf die Fragen deines Cousins eingehst und nur die relevanten Details wiedergibst. Welche Heißgetränke es in der Pizzeria gibt, ist hier beispielsweise nicht wichtig.

Jakob: Ich bin echt hungrig. Was gibt es in dieser Straße alles zu essen?

You: Wir können uns eine Pizza holen, in ein indisches Restaurant gehen oder – typisch englisch – Fisch und Pommes frites essen.

Jakob: Wir haben im Urlaub noch gar keine Fish & Chips gegessen. Was genau steht auf dem Schild?

You: Im „fish and chips"-Restaurant bekommt man freitags zwischen 12 Uhr und 15.30 Uhr zwei Portionen für den Preis von einer. (Auf dem Schild steht aber nicht, wie viel das kostet.)

Jakob: Hm. Auf Pizza hätte ich allerdings auch Lust. Warum stehen denn auf dem Schild zwei unterschiedliche Preise?

You: **Ein Stück Pizza bekommt man bereits ab 2,50 £, aber man kann auch seine eigene Pizza zusammenstellen. Das kostet dann mindestens 8,00 £.**

Jakob: Das ist nicht so teuer, oder? Wann macht die Imbissbude auf?

You: **Das steht leider nicht auf dem Schild.**

Jakob: Ich habe aber so großen Hunger. Wenn die Imbissbude vielleicht erst in einer Stunde aufmacht, dann halte ich das nicht aus! Und mir tun auch echt die Füße weh vom vielen Herumlaufen. Können wir uns denn irgendwo reinsetzen?

You: **Wenn wir indisch essen gehen, dann können wir uns auch in das Restaurant setzen und unsere Füße können sich erholen.**

Jakob: Super. Wann macht das indische Restaurant auf?

You: **Es macht um 11.30 auf – also jetzt.**

Jakob: Lass uns dorthin gehen. Auf ein Currygericht hätte ich auch echt Lust. Ist das Essen dort sehr teuer? Was meinst du?

You: **Da wir Schüler sind, bekommen wir einen Nachlass von 25 %; uns würde also ein Curry und ein Getränk nur 6,95 £ kosten.**

Aufgabe 6

Hinweis: Bei dieser Aufgabe liegt dir eine Anzeige für ein Abenteuer- und Sportcamp in England vor. Du möchtest mit deinem Freund im Sommer dorthin fahren. Gerade telefonierst du mit ihm und beantwortest seine Fragen. Denke daran, dass dein Freund die Anzeige nicht sehen kann. Achte darauf, dass du nur auf die gefragten, aber auf alle relevanten Informationen eingehst. Lies dir am besten am Ende das gesamte Gespräch noch einmal durch und prüfe, ob deine Antworten zu der jeweiligen Frage und der darauf folgenden Äußerung von Ben passen.

You: Hi Ben, ich habe eine richtig coole Idee für unsere Sommerferien. Ich habe nämlich eine Anzeige für ein Abenteuercamp in England gesehen. Man kann dort unter anderem verschiedene Sportarten ausprobieren oder lernen, aber auch andere spannende Dinge unternehmen.

Ben: Was genau könnten wir dort alles machen?

You: **Wir könnten Windsurfen oder Segeln lernen, Wasserski und Kajak fahren oder Gleitschirmfliegen ausprobieren. Wir könnten auch auf einer kleinen Insel übernachten. Da müssen wir alles selbst machen, sogar die Unterkunft bauen!**

Ben: Wie lang dauert das Camp und wo findet es statt?

You: **Das Camp dauert eine Woche und findet irgendwo an der englischen Küste statt.**

Ben: Das klingt interessant. Wer kann denn daran teilnehmen?

You: **Jungs und Mädchen, die zwischen 15 und 18 Jahre alt sind.**

Ben: Das hört sich echt gut an. Ich spreche mal mit meinen Eltern. Steht in der Anzeige auch, was das Camp kostet und was bei dem Preis alles mit dabei ist?

You: **Insgesamt kostet die Reise 355 £. Flug, Essen und Unterkunft sind inklusive / dabei.**

Ben: Das ist nicht billig, aber OK, oder? Falls meine Eltern noch mehr über das Camp erfahren möchten, wo können sie nachfragen oder nachsehen?

You: **Es ist eine Internetseite angegeben. (Die Adresse lautet:) www.coasters.com. (Die Seite ist aber wahrscheinlich auf Englisch.)**

Aufgabe 7

Hinweis: Hier schlüpfst du in die Rolle des amerikanischen Mädchens Kim. Lies dir die Aufgabenstellung und das Plakat über den Wohltätigkeitslauf aufmerksam durch. Beachte, dass Kim mit ihrer Freundin Jana Deutsch spricht.

Kim: Hi Jana. Ich muss dir etwas erzählen. Ich habe gerade ein Plakat über einen Wohltätigkeitslauf gesehen. Hast du Lust, dass wir beide da mitmachen, wenn du mich besuchst?

Jana: Ein Wohltätigkeitslauf? Das muss ich mir noch überlegen … Wann und wo findet der Lauf denn statt?

Kim: **Am 20. August an meiner Schule, der River High School.**

Jana: OK, an dem Tag wäre ich ja auf jeden Fall schon da. Wofür soll denn Geld gesammelt werden?

Kim: **Mit dem Geld soll das afrikanische Dorf, in dem unsere Partnerschule steht, eine Wasserversorgung erhalten.**

Jana: Das Dorf hat keinen Brunnen? Wo kommt denn das Wasser bisher her?

Kim: **Bisher müssen die Kinder das Wasser, das ihre Familie tagsüber braucht, von einem Brunnen holen, der 5 km entfernt ist, d. h., sie**

müssen vor der Schule insgesamt 10 km gehen und schwer tragen. Deshalb kommen sie oft zu spät zum Unterricht oder sind sehr müde.

Jana: Oje, wenn ich mir vorstelle, ich müsste vor der ersten Stunde so weit gehen, da wäre ich zu nichts zu gebrauchen ... Ähm, wie weit müssten wir denn bei dem „Charity Run" laufen?

Kim: **Das kannst du selbst entscheiden. Eine Runde sind 800 m – das ist die kürzeste Strecke. Wenn du fit bist, kannst du bis zu 8,000 m laufen.**

Jana: Ein paar Runden würde ich schon schaffen ... OK, ich mache auch mit. Muss ich mich irgendwo anmelden?

Kim: **Super, dass du dabei bist! Um dich anzumelden, brauchst du nur eine E-Mail an runningwater@RHS.org zu schreiben.**

Aufgabe 8

Hinweis: Bei dieser Aufgabe sollst du Informationen vom Deutschen ins Englische übertragen. Sieh dir das Schild der Würstchenbude genau an und erkläre, was es dort zu essen gibt. Denk daran, dass die verschiedenen Arten von Würstchen deinen englischen Freunden aller Wahrscheinlichkeit nach nicht bekannt sind. Du musst also etwas ausholen und die Unterschiede erklären.

This is a very typical place to eat in Germany. Here you can buy different types of sausages – one is usually served with a bread roll and one with a curry sauce. I think one is cooked in water and one is grilled. You can also buy other small snacks such as bread rolls with different things in them, and cakes, and you can also get something to drink here, of course.

Aufgabe 9

Hinweis: Lies die Arbeitsanweisung genau, denn es ist wichtig, an welchem Tag die Freunde deiner Eltern zum Einkaufen gehen möchten, da die Preise des Parkhauses variieren. In deiner Antwort solltest du nur auf die Preise eingehen, die von Montag bis Freitag (tagsüber) gelten. Die Regelungen für alle anderen Zeiten und Tage sind irrelevant.

From Monday to Friday, parking costs 50 cents for the first 30 minutes / half hour between 8 a.m. and 7 p.m. After that, each / every 30 minutes costs 70 cents extra. The maximum cost for one day is € 11.00.

Aufgabe 10

Hinweis: Hier sollst du Fragen deiner Freundin Megan auf Englisch beantworten. Die Frage „Who's playing?" kannst du nicht exakt beantworten, weil in der Anzeige keine Bands namentlich erwähnt werden. In einem solchen Fall solltest du dir den gesamten Text bzw. die Anzeige noch einmal aufmerksam ansehen, um sicherzustellen, dass du keine Details übersehen hast. Wenn die gefragte Information wirklich nicht enthalten ist, kannst du das einfach ansprechen. In diesem Fall kannst du Megan z. B. im Anschluss mitteilen, dass acht Liveacts angekündigt sind und dass am Samstagabend eine Überraschungsband spielen wird, die international bekannt ist.

You: There's a weekend rock festival at Schloss Battenburg. That's near here. Would you like to go?

Megan: That sounds good. Who's playing?

You: **It doesn't say but there are eight bands and on Saturday evening there's a surprise international guest band.**

Megan: Cool. How much are the tickets?

You: **A day ticket costs € 12.50 and a weekend ticket costs € 22.00.**

Megan: That's not too bad. If we go for the weekend, where can we stay?

You: **There's a campsite. I could take my tent./I could take my tent and we can stay on the campsite.**

Megan: How much is the campsite?

You: **The weekend ticket includes the campsite, so it wouldn't cost (us) anything./The price for the campsite is already included in the weekend ticket, so we wouldn't have to pay extra for it.**

Megan: Great. And when does the festival start and finish?

You: **It starts on Friday at 8.00 p.m. and ends on Sunday at 6.00 p.m.**

Megan: Would we have to take our own food and drink?

You: **No, we wouldn't. We can buy food and (something to) drink there./There're big tents there where visitors can buy something to eat and drink.**

Megan: OK, let's go for the weekend!

Aufgabe 11

Hinweis: Deine Freundin Beth kommt demnächst mit ihrem eigenen Auto nach Deutschland. Du hast eine deutschsprachige Website gefunden, die sich vor allem an ausländische Autofahrer richtet und ihnen die deutschen Verkehrsregeln erklärt. Auch wenn du dich mit den in Deutschland geltenden Verkehrsregeln gut auskennst, solltest du die Informationen dennoch genau lesen und dich bei der Sprachmittlung auf die Informationen beschränken, die im Text erwähnt werden.

You: Hi Beth. I found a German website that has lots of information and some tips about driving in Germany. Are you interested?

Beth: Yes, of course. I know you drive on the right but is there an easy way to remember that?

You: **Yes, there is. You always drive nearest to the pavement in an English car.**

Beth: That's easy. What are the speed limits?

You: **On many motorways you can go as fast as you want to if there isn't a sign that says you can't. On normal roads the speed limit is 100 km/h. The speed limit in towns is 50 km/h. In some areas of the town you can only drive at 30 km/h or less.**

Beth: How do I know where a town starts and ends?

You: **There are yellow signs with the name of the town at the start and end of each town. (That's where the speed limit of 50 km/h starts and finishes.)**

Beth: It's all very easy! Is there anything else I should know about?

You: **Yes, there is. When the traffic lights turn green for cars, pedestrians or cyclists crossing the road have priority and you have to stop for them. In the areas where you are only allowed to drive at 30 km/h or less, you have to give way to cars coming from the right.**

Beth: Those two things are good to know. My car uses petrol – what's that in German?

You: **It's called "Benzin". Diesel is the same as in English – "diesel".**

Beth: Thanks a lot. See you next week.

You: Have a safe journey! See you then.

Aufgabe 12

Hinweis: Hier sollst du einem deutschen Text Informationen entnehmen und die Fragen deines Freundes Jake auf Englisch beantworten. Wenn du nicht sicher bist, welche Information in eine Lücke gehört, lies dir am besten auch die jeweils darauffolgende Äußerung oder Frage von Jake durch. Auch sie kann dir den entscheidenden Hinweis liefern. Auf die zusätzliche Information, dass das Festival während der Corona-Pandemie nur in digitaler Form stattfand, brauchst du in deiner Lösung nicht einzugehen.

Jake: When and where does this Samba festival take place?

You: **It takes place in Coburg, which is (a small town) in Oberfranken, every year on the second weekend in July.**

Jake: How many groups are there and is it very popular?

You: **There're more than 100 groups and it's very popular – it attracts more than 200,000 visitors.**

Jake: Really? That's much bigger than I expected.

You: **It's the biggest Samba festival outside (of) Brazil.**

Jake: The biggest? Wow, that's impressive! What's on the programme?

You: **Both local and international groups perform on the various open air stages. There're also a lot of workshops, activities for children and people selling Samba products/things related to Samba, such as colourful clothes or Samba music. There's food and drink, too.**

Jake: It sounds great. Everyone in Coburg must be really happy to have such an amazing festival.

You: **Some people don't like the festival because it's very noisy.**

Jake: I can understand them but it's only for one weekend.

Aufgabe 13

Hinweis: Versetze dich in die Situation, dass du als Gast in einem Café die Kellnerin und die Dame am Nebentisch beobachtest und hilfst, das Sprachproblem zu überwinden. Denke nicht zu viel darüber nach, wie du die einzelnen Wörter auf Englisch übersetzen kannst. Wichtiger ist es, dass du das Problem der beiden Gesprächsteilnehmerinnen verstehst und geschickt zwischen ihnen vermittelst.

Kellnerin: Sie können Ihre belegten Brote nicht hier essen!

Frau: I'm sorry, I don't understand. I don't speak German.

Kellnerin: Typisch! Essen Sie Ihre Brote nicht hier!

Du: Ich glaube, dass sie nur Englisch spricht. Vielleicht kann ich Ihnen helfen.

Kellnerin: Sagen Sie ihr, dass sie ihre belegten Brote hier nicht essen kann.

Du: **I'm sorry, but you aren't allowed to eat your own sandwiches here.**

Frau: Oh dear. I thought these were just normal seats. I didn't realise they belonged to the café.

Du: Sie entschuldigt sich. **Sie wusste nicht, dass die Plätze zum Café gehören.**

Kellnerin: Sie kann dort sitzen bleiben, wenn sie etwas bestellt. Wenn nicht, kann sie in den Park dort drüben gehen.

Du: **If you want to sit here, (then) you must / have to buy something. If you only want to eat your sandwiches, (then) you can do that in the park.**

Frau: I think I've annoyed her. Can you ask her for a cup of coffee and one of those nice strawberry cakes, please?

Du: Yes, of course. That's no problem. *(zur Kellnerin)* **Sie hätte gerne eine Tasse Kaffee und einen Erdbeerkuchen.**

Kellnerin: O. K. Sagen Sie ihr, das kostet 4,50 € – und kein Sandwich hier!

Du: **The coffee and cake are / cost € 4.50.**

Frau: She said something about sandwiches, too, didn't she?

Du: Yes, she did. **She's still angry and said, "No sandwiches here!"**

Frau: Thank you for helping me – she's not very friendly, though, is she?

Aufgabe 14

Hinweis: Bei dieser Aufgabe musst du erneut die englischen Teile des Gesprächs auf Deutsch und die deutschen auf Englisch wiedergeben. Auf Einleitungen wie „She says/asks" bzw. „Sie sagt" kannst du auch verzichten. Versuche, das Gespräch am besten so natürlich wie möglich klingen zu lassen.

Vater: Hallo, Chloe. Hattest du eine gute Reise?

Du: **My father wants to know if you had a nice journey.**

Chloe: Yes, it was fine,thanks, but very long. I'm quite tired now.

Du: **Es ist wohl alles prima gelaufen. / Ja, es ist alles gut gelaufen. Aber es war eine lange Reise und jetzt ist sie müde.**

Mutter: Vielleicht will sie duschen. Ich habe schon Handtücher in ihr Zimmer gebracht. Kannst du ihr das sagen?

Du: **Would you like (to take) a shower? My mum has already put some towels in your room.**

Chloe: That would be nice, thank you. We travelled overnight and we couldn't shower this morning.

Du: **Das möchte sie sehr gerne. / Ja, sie möchte gerne duschen. Heute Morgen war das (Duschen) nicht möglich.**

Vater: Ich erinnere mich auch an solche Reisen. Sag Chloe, dass du ihr nach dem Duschen zeigen wirst, wo alles ist. Wenn sie fertig ist, können wir zu Mittag essen.

Chloe: What did your father say?

Du: He suggested that you have a shower./He said that you could first take a shower. And then I'll/I could/I should show you where everything is. After that we can eat/have lunch.

Mutter: Isst Chloe alles? Gibt es irgendetwas, das sie nicht mag?

Du: Do you eat everything or are there some things that you don't like?

Chloe: The only thing I really hate is spinach.

Du: Sie sagt, sie isst alles außer Spinat.

Vater: Ich esse auch keinen Spinat. Spinat ist wirklich fürchterlich.

Du: My father hates it, too!

Aufgabe 15

Hinweis: Im ersten Teil der Aufgabe sollst du zwischen einer Person, die nicht so gut Deutsch spricht, und einer Person, die nicht so sicher im Englischen ist, dolmetschen. Im zweiten Teil der Aufgabe liegt dir ein kurzer Text – hier handelt es sich um die Hitzefrei-Regelungen, die auf Deutsch formuliert sind – vor, zu dem du Fragen auf Englisch beantworten sollst.

Schulleiter: Guten Morgen, ich bin Herr Schwarz, der Schulleiter. Hattest du einen guten Flug?

You: This is Mr Schwarz, our principal. He wants to know if you had a good flight.

Sammy: Yes, I did, thanks, but it was very long and I'm still a bit tired.

You: Der Flug war sehr lang und Sammy ist noch etwas müde.

Schulleiter: Bitte sag ihm, dass ich ihn herzlich an unserer Schule begrüßen möchte und dass ich ihm drei unvergessliche Monate bei uns wünsche. Falls es Probleme geben sollte, kann er sich jederzeit an mich wenden – am besten mit dir als Dolmetscher!

You: Mr Schwarz would like to welcome you to our school and hopes you have a good three months here. If you (should) have any problems, you can come to him at any time but I'll (have to) come with you in the beginning to translate, of course.

Sammy: Oh, that's nice! I hope my German will get better so that I can talk to him without you soon.

You: Sammy hofft, dass sein Deutsch bald so gut ist, dass er sich ohne meine Hilfe mit Ihnen unterhalten kann.

...

You: **When the temperature in the classrooms is 25 °C or more by 10.00 am, we can go home earlier than usual. When the temperature before midday has been over 25 °C for several days, our lessons are only 35 minutes long/we have shorter lessons.**

Sammy: That's cool. At home we have to work in the heat! What about sport?

You: **When it's very hot, or the ozone levels are very high, there are no sports lessons outside. (Then we have these lessons in the gym/sports hall.)**

Sammy: Are we allowed to drink in lessons when it is so hot? And how do we get back to your house when the school closes early?

You: **Yes, of course. We can bring a bottle of water and drink something whenever we want. When the school closes early, the school buses will also come early.**

Aufgabe 16

Hinweis: Auch in dieser Aufgabe werden zwei Aufgabenformate miteinander verknüpft. Zuerst sollst du zwischen einem amerikanischen Touristen und einem Mitarbeiter am Informationsschalter des Münchner Flughafens dolmetschen. Im zweiten Teil sollst du einige Fragen des Amerikaners mithilfe des deutschen Prospekts auf Englisch beantworten.

You: Can I help? I can speak English and German.

American: Thank you. I'm looking for a typical Bavarian hotel but not in the city.

You: I'll ask. **Der Herr sucht ein typisch bayerisches Hotel, das nicht in München liegt. Können Sie eines empfehlen?**

Employee: Das „Hotel Bavaria München" ist sehr gut. Es ist ein wunderschönes Landhotel in der Nähe von München. Hier ist ein Hotelprospekt.

You: **He recommends the "Hotel Bavaria München". It's a country hotel near Munich – you can have a look at the brochure if you want.**

American: That sounds great – and the photos look good, too. Can you ask him if he has the brochure for me in English?

You: **Das Hotel scheint dem Herrn zu gefallen. Hätten Sie einen Prospekt auf Englisch für ihn?**

Employee: Nein, leider nicht. Die englischsprachigen Prospekte sind aus.

…

- **There is a good bus and train service – the S-Bahn – and it takes you into the city quickly./Munich has got an excellent public transport system. You can use the bus or train to get to the city centre and back quickly.**
- **There's a restaurant in the hotel. It serves Bavarian meals as well as international dishes – and also vegetarian food.**
- **The hotel is very quiet, traditional and ideal for relaxing.**

Two more pieces of information which you think are relevant:

- **The hotel has a garage./You can leave the/your car in the hotel garage.**
- **The hotel has a fitness room, which is open 24 hours a day.**

Aufgabe 17

Hinweis: Diese Aufgabe besteht ebenfalls aus zwei Teilen. Im ersten Teil sollst du zu einer deutschsprachigen Anzeige über Quad-Touren Fragen auf Englisch im Gespräch beantworten. Im zweiten Teil sollst du die englischen Fragen deiner Cousine, die anhand der Anzeige nicht beantwortet werden können, ins Deutsche übertragen und eine E-Mail an die zuständige Person bei Quad-Abenteuer *aufsetzen. Achte darauf, dass du alle Fragen ins Deutsche überträgst. Der Anfang und das Ende der E-Mail sind bereits vorgegeben und sprachlich eher informell. Du solltest in deiner E-Mail den informellen Sprachstil übernehmen, die zuständige Mitarbeiterin von* QuadAbenteuer *aber trotzdem siezen.*

Ava: I found some photos of quad biking with something in German about it. It looks great fun. Where do they do this?

You: **On an island called Rügen./On the island of Rügen, which is the largest German island./On Rügen, an island in the Baltic Sea.**

Ava: It looks like they go off-road. Can you tell me more?

You: **Yes, they do. They have a special route on the island. It goes across fields, along a river bed, through water and mud, over rough/rocky ground and over/along sandy beaches.**

Ava: That sounds exciting, doesn't it? What happens if it rains?

You: **They say the weather is never a problem – not even snow (matters/prevents them from going on the tour).**

Ava: I wouldn't want to go when it's snowing, but we shouldn't have that problem in August! Is Rügen far away from where we're staying at the Baltic Sea? I'd really love to go quad biking.

You: No, it isn't. Actually, it's only about an hour's drive away, so we can definitely take you there.

Ava: Great! I still have some questions, though. How can I find out more about the quad bike tour?

You: **You can get more details by emailing Marie at Info@QuadAbenteuer.com**. But would you like me to write the email for you? It's got to be in German, of course.

[…]

Hallo Marie,
meine Cousine Ava würde gerne im August eine Tour bei QuadAbenteuer *buchen, aber sie hat vorab noch ein paar Fragen. Es wäre super, wenn Sie die folgenden Fragen beantworten könnten.*
Können die Fahrer einen Helm und Schutzkleidung bei Ihnen ausleihen, oder müssen sie sich selbst darum kümmern? Und muss sonst noch irgendetwas mitgebracht werden?
Finden die Touren täglich statt? Und um welche Uhrzeit starten sie? Wir machen nämlich in der Nähe von Rügen Urlaub und müssen meine Cousine erst dorthin fahren; von daher wäre eine Tour, die am Nachmittag stattfindet, wahrscheinlich praktischer.
In Ihrer Anzeige steht nichts darüber, was eine Quad-Tour kostet. Könnten Sie mir bitte noch den Preis mitteilen?
Da meine Cousine aus Australien kommt, spricht sie kein Deutsch. Ist das ein Problem?
Herzlichen Dank für die Beantwortung der Fragen.

Viele Grüße und bis bald,
(dein Name)

▶ Lösungen zum Bereich „Writing“

Hinweis: Für den Bereich „Writing“ ist es wichtig, dass du die Arbeitsschritte zum Verfassen eines Textes in Kapitel 4.1 des Trainingsbandes genau durchliest und dementsprechend arbeitest. Wenn du nach diesen Schritten vorgehst, wird es dir nicht mehr schwerfallen, einen guten Text zu schreiben. Beachte, dass es sich bei den Antworten zu den offenen Schreibaufgaben um Lösungsvorschläge handelt. Die Beispiellösungen können dir aber wertvolle Ideen für deine eigenen Texte liefern und dienen dir zur Kontrolle. Sind in den Lösungsvorschlägen Formulierungen enthalten, die du noch nicht kennst, markiere sie und übernehme sie in dein Vokabelheft oder Karteisystem.

Aufgabe 1

Hinweis: Diese Aufgabe ist eine Vorbereitung auf das Schreiben eigener Texte. Alle Sätze sind zwar schon vollständig, durch weitere Adjektive, Adverbien bzw. Substantive kannst du sie aber noch lebendiger und interessanter machen. Mit dieser Technik kannst du auch deine eigenen Texte verbessern. Diese Technik ist vor allem bei den längeren Schreibaufgaben hilfreich. Jedes Wort aus dem Kasten kann nur einmal verwendet werden. Bist du dir bei einer Lücke nicht ganz sicher, fülle erst die restlichen Lücken aus – wenn du nach dem Ausschlussverfahren vorgehst, kommst du bestimmt auf die richtige Lösung.

a) The **old** house was at the end of the **narrow** street.

b) Jane likes listening to **loud** music in her **small** bedroom.

c) The **young** boy ran away **quickly**.

d) We had a **terrible** meal in the **seafood** restaurant.

e) I didn't like the **horror** film because it was **so** boring.

f) My **summer** holiday was great.

g) There was a long, **sandy** beach with no one on it.

h) The sky was very **dark** before the storm.

Aufgabe 2

Hinweis: Sieh dir das Bild zuerst ganz in Ruhe an und mache dir Notizen. Wenn es dir schwerfällt, deine Ideen auf Englisch zu formulieren, kannst du auch zuerst Ideen auf Deutsch sammeln und diese dann ins Englische übertragen.

- **boy** – teenager, glasses, blond, notepad, exercise books, sad, excluded
- **people in the background** – 1 boy, 3 girls, laughing / smiling / grinning, one girl pointing, jeans, sunglasses, shorts, T-shirts

Aufgabe 3

Hinweis: Die Aufgaben helfen dir, auch auf Einzelheiten in dem Bild zu achten. Du kannst im ersten Schritt ganz einfache kurze Sätze schreiben. Um die Verbesserung dieses ersten Entwurfs geht es in der nächsten Aufgabe.

b)
- In the foreground there is a teenage boy.
- In the background I can see a group of teenagers.

c)
- The boy looks sad.
- He is carrying / holding papers and exercise books.
- He has his back to the other teenagers.
  or: He is standing with his back to the others.
  or: He is standing away from the others with his back to them.

d)
- The other teenagers are wearing jeans and T-shirts. One girl is wearing shorts.
- They are standing near / in front of the building.
  or: They are looking at the boy.
  or: They are laughing and one girl is pointing at the boy.

Aufgabe 4

Hinweis: Jetzt geht es darum, deine Antworten aus der vorhergehenden Aufgabe weiter zu verbessern. Überlege bei jedem Satz, welche Informationen du zusätzlich geben könntest. Fällt dir noch ein Adjektiv ein, das beschreibt, wie der Junge oder die Teenager aussehen? Oder kannst du mit einem Adverb ausdrücken, wie sie etwas machen? Manchmal eignen sich auch eine Ortsangabe, weitere Substantive oder ein Relativsatz dazu, die Sätze interessanter zu machen.

b) • In the foreground there is a **blond** teenage boy, **who is wearing a dark grey T-shirt**.
   • In the background I can see a group of **four** teenagers **standing next to each other / close together**.

c) • The boy looks **very** sad **and angry at the same time**.
   • He is **firmly** holding papers and a **black** exercise book **in his arms**.
   • He has his back to the other teenagers **and he is looking in the other direction**.

d) • The other teenagers are wearing **casual** jeans and T-shirts, **which look like summer clothes**. One girl is wearing **denim** shorts.
   • They are standing near / in front of the **school** building and they are looking **sneeringly** at the boy.
   or: … and they are looking at the boy thinking something mean / nasty / unkind about him.

Aufgabe 5

Hinweis: Sich selbst Fragen zu einem Bild zu stellen ist eine gute Möglichkeit, Ideen für eine Fantasiegeschichte zu sammeln. Stelle dir vor, du bist ein Reporter, der über die Personen auf dem Bild schreiben möchte. Welche Fragen müsste er stellen? Hier gibt es natürlich sehr viele verschiedene Möglichkeiten.

Possible questions:

- Why is the boy so sad / angry?
- What is the relationship between him and the other teenagers?
- Are they fighting about something that happened at school?
- Is / Was the boy in love with one of the people in the background?
- Is the boy a victim of bullying?
- What else is the boy wearing? Are they laughing at his trousers / shoes?
- What are the books and papers in the boy's hands about? Have they got something to do with the problem?

Aufgabe 6

Hinweis: Überlege dir nun jeweils eine Antwort auf die Fragen, die du in Aufgabe 5 gestellt hast. Hier sind deiner Fantasie keine Grenzen gesetzt. Die einzige Bedingung ist, dass du eine logische Erklärung für die Situation auf dem Bild geben musst. Es herrscht offensichtlich ein Konflikt zwischen dem Jungen und den restlichen Jugendlichen. In der Aufgabenstellung heißt es „Bullying?" Da hier eine Frage gestellt wird, liegt es ganz bei dir, ob es sich um Mobbing handelt oder die Situation einen anderen Hintergrund haben könnte.

It's breaktime and Joe, the boy in the picture, has just run out of the big, white school building, firmly holding on to his black exercise book. It's one of the most precious things he owns, because it contains all the long letters he has ever written to Kaylee – and never given to her. How can he? Most of the time the other students make fun of him. He doesn't even know why the bullying started. All he knows is that it will get even worse, now that the whole school Facebook group has read his love letters to Kaylee. He doesn't dare turn around and look at her. The sneering look on her friends' faces would simply be too much.

Aufgabe 7

Hinweis: Lies die Aufgabenstellung aufmerksam durch. In deinem Text sollst du auf drei der fünf Fragen eingehen. Überlege dir also zuerst plausible Antworten zu den Fragen, bevor du zu schreiben beginnst. Dieser Lösungsvorschlag beinhaltet alle fünf möglichen Aspekte. Aus diesem Grund ist der Text etwas länger als die geforderte Textlänge. Damit du auf den ersten Blick sehen kannst, welcher Textteil sich auf welche Frage bezieht, stehen die Fragen an den entsprechenden Stellen in Klammern. Wie du siehst, brauchst du die Fragen nicht der Reihe nach „abzuarbeiten", sondern kannst die Elemente so in deinen Text einbauen, wie sie am besten passen.

It was my brother's 18th birthday and the first day of our summer holiday. We had just landed in San Francisco, and we were all really excited, because we were going to spend four weeks travelling California. *(Where was the photographer travelling?)*
When the "fasten your seatbelt sign" was switched off, we were ready to leave the plane, when suddenly, the loudspeakers crackled and there was an announcement: "We would kindly ask Linus and Noah Meier to come to the cockpit." What was going on? Linus looked at me and shrugged. Our parents

also looked confused but told us to do what we had been asked. We went to the front of the plane and were greeted by the pilot and co-pilot, who were both smiling broadly. They wished my brother "Happy Birthday" and then asked us if we wanted to see the cockpit. What a question – of course! *(Why was the photographer allowed into the cockpit?)*
My brother, who is an expert in planes, asked a million technical questions and the pilots patiently answered them all. *(What did the pilot explain?)* I didn't understand very much, so I took this photo. *(Who took the photo?/ When was the photo taken?)*

Aufgabe 8

Hinweis: Hier sollst du ein Formular ausfüllen. Halte dich dabei genau an die Vorgaben: Schreibe Stichwörter und achte auf die richtige Anzahl der Aspekte, die du nennen sollst.

Name	Tom Schmidt		
Class	10 a		
Age	16	Sex	male
Nationality	German		
Your interests	hockey, computer games, travelling		
Describe yourself in three words:	friendly, polite, adventurous		
What do you really dislike?	people who lie		

Aufgabe 9

Hinweis: Auch bei diesem Formular reichen „keywords", also Stichwörter, aus.

When was your last holiday?	in August
Where did you go to?	(to) France
How did you travel?	by car
How many people went with you?	three – my parents and my sister
What two things did you enjoy the most?	the food, the sunshine

Describe your accommodation.	*we camped on a nice campsite*
Describe the weather during your holiday.	*warm, sunny, some thunderstorms*
Would you recommend where you went to other people? Explain your answer using three or four words or phrases. *yes - the weather, lots to do, nice people*	

Aufgabe 10

Hinweis: Stelle dir vor, du machst mit deiner Familie Urlaub in Kanada. Melissa Anderson ist deine kanadische Reiseleiterin. Überlege, welche Fragen du typischerweise einer Reiseleitung stellen würdest. Halte dich jedoch an die Vorgaben und stelle Fragen zur Geschichte oder Geographie und/oder zu den Touristenattraktionen Kanadas. Frage z. B. nach dem Grund („Why?"), nach einem Zeitpunkt („When?"), nach Personen („Who?"), Dingen („Which?"/„What?") oder Orten („Where?") bzw. bilde Entscheidungsfragen (z. B. „Will we ...?", „Was Canada ...?").

Possible questions about Canada's history:
- Who were the first people to live in Canada? / When did the first settlers come to Canada?
- When was the first national park established?
- Who was Canada's first prime minister?
- What was Canada's role in the Second World War?

Possible questions about Canada's geography:
- How many national parks are there in Canada?
- Which is Canada's most populated / biggest / largest city?
- What is the capital of Canada?
- Where can you see the Northern Lights best?
- How long is the American-Canadian border?
- Where do people speak French in Canada?

Possible questions about Canada's tourist attractions:
- What is Canada's most popular tourist attraction?
- Will we get the chance to see the Northern Lights on our trip?
- Is it dangerous to visit Niagara Falls (by boat)? / When is the best time to visit Niagara Falls? / Is it possible to visit Niagara Falls at night?
- Where can you go skiing in Canada?
- Which national park do you recommend?

Aufgabe 11

Hinweis: Stelle dir vor, du hast ein Preisausschreiben eines Radiosenders gewonnen und darfst deinen Lieblingskünstler oder deine Lieblingskünstlerin nach seinem/ihrem Konzert treffen. Du überlegst dir vorab fünf Fragen, die du stellen könntest. Allerdings sollten die Fragen nicht zu allgemein und zu einfach formuliert sein. Achte auch darauf, dass die Fragen der Situation angemessen sind. Fragen zu Details aus dem Privatleben solltest du nicht stellen.

Possible questions:

- How old were you when you performed for the first time?
- Are you still nervous before a concert?
- Do you follow a certain routine before a concert?
- What do you like about performing at festivals/open air concerts?
- Can you walk the streets without being recognised, or do you have to hide your face?/Can you move about freely, or do you have to wear a cap and big sunglasses in public in order to go unnoticed?
- What don't you like about being famous?/Are there any downsides to being famous, in your opinion?
- What is the best thing about being famous?
- How long will you be on tour?
- Where do you usually sleep when you are on tour?
- Can you describe your daily routine when you are on tour?
- Have you ever received any threats from stalkers?

Aufgabe 12

Hinweis: Beim Schreiben von Texten wird oft von dir verlangt, dass du eine andere Perspektive einnimmst. In dieser Aufgabe sollst du eine kurze Nachricht aus dem Blickwinkel deiner irischen Gastmutter schreiben, die sich an dich und deinen Austauschpartner, also ihren Sohn, richtet. Lies die Arbeitsanweisung aufmerksam, damit du die Situation genau erfasst.

Please remember:

- The party is in the garden. No guests are allowed in the living room or on the first floor.
- Alcohol is strictly forbidden.
- Turn down the music after 8 p.m. because of the neighbours.

If there are any problems, please call us right away. We'll be back at 10 p.m. Have fun!

Aufgabe 13

Hinweis: In dieser Aufgabe sollst du deiner schottischen Tante, bei der du zu Besuch bist, eine Nachricht schreiben, in der du sie informierst, wohin du gehst, mit wem du unterwegs bist und wann du wieder zuhause sein wirst. Da deine Tante nach der Arbeit immer hungrig ist, hast du ihr etwas gekocht. Erkläre ihr, welches Gericht du für sie vorbereitet hast. Versuche, die erste Fassung der Nachricht in Teilaufgabe a) kurz und knapp zu formulieren, aber alle vorgegebenen Punkte anzusprechen. In Teilaufgabe b) sollst du deinen Text sprachlich anspruchsvoller gestalten. Dazu kannst du den einen oder anderen Aspekt ausbauen bzw. ergänzen.

a) Hi Auntie,
Lucy called and we decided to go to the swimming pool together. I hope that's OK. I'll be back at 3 p.m. at the latest. If you're hungry after work, please look in your fridge. I've prepared my favourite vegetarian curry for you. Enjoy!
See you later,
(your first name)

b) Hi Aunt Amanda,
I hope you've had a good day so far. Sorry that I'm not home. Lucy called and we went to the swimming pool together. I hope that's OK. We left here at 10 o'clock, so I'll be back at around 3 p.m. at the latest. If not, I'll give you a call.
Please look in your fridge. You're always so hungry after work, so I've prepared my favourite dish for you – a really yummy vegetarian curry. Enjoy!
(your first name)

Aufgabe 14

Hinweis: Stelle dir vor, du besuchst gerade einen Freund in Nordengland. Über das Wochenende bist du alleine nach London gefahren und dein Freund hat dir seinen Reiseführer geliehen. Nun ist das Buch nicht mehr aufzufinden und du schreibst deinem Freund, was passiert ist. Lies die Arbeitsanweisung genau. Auch wenn das Wort „friend" geschlechtsneutral ist, so musst du hier einen männlichen Adressaten wählen, da in der Arbeitsanweisung von „he" die Rede ist.

a) Hi Jasper,
I'm writing to let you know that unfortunately I've lost your new London guidebook. I left it in the breakfast room this morning and one of the other guests must have taken it. I'm so sorry! I'll buy you a new one today, OK? Or I can get you a travel guide for Ireland; I know that's where you're planning to go soon.
See you tomorrow – and please don't be angry with me!
(your first name)

b) Hi Jasper,
I'm having a fantastic time in London, but I lost your guidebook and I'm terribly sorry! I took it to the breakfast room this morning to plan my day and I must have left it on the table. When I realised that I had forgotten it, it was already too late – somebody had taken it!
Of course I'll buy you a new one, but if you prefer, I can also get you a travel guide for Ireland; I know that's where you're planning to go soon.
Let's talk tomorrow night. And please don't be angry with me!
(your first name)

Aufgabe 15

Hinweis: Bei dieser Aufgabe sollst du dich zu „Statements" äußern, in denen jemand eine eher provozierende Meinung vertritt. Überlege im ersten Schritt, welche Argumente dir für und gegen diese Aussagen einfallen. Du kannst dich entweder gleich für eine Haltung entscheiden und der Aussage zustimmen bzw. widersprechen oder erst einmal für beide Seiten Argumente sammeln.

❶ **Arguments for** 👍
- more boys and men watch action films than girls or women
- many girls find them boring
- girls prefer romantic films
- example: my family/ friends

Arguments against 👎
- just a stereotype
- girls can also be seen in the cinema when there's an action film on

❷ **Arguments for** 👍
- air traffic adds to global warming
- people need to be aware of this
- higher prices make them look for alternatives

Arguments against 👎
- air traffic is not the only cause of climate change
- some people have no alternative
- high prices are unfair

❸ **Arguments for** 👍

eating meat means that animals have to die
→ people who eat meat are responsible

Arguments against 👎
- most meat eaters do not actually kill the animals
- eating meat is normal behaviour for human beings
- animals also kill other animals → natural

❹ **Arguments for** 👍
- nothing for teenagers to do
- lonely: no friends in the same village
- no public transport
- dependent on parents/adults to get to the city
- no interesting events/clubs
- close community means supervision at all times

Arguments against 👎
- close to nature
- better for your health (clean air, less noise)
- safer for small children

- close community
- neighbours know and help each other

Aufgabe 16

Hinweis: Bei dieser Aufgabenstellung ist es nicht entscheidend, ob du der vorgegebenen Aussage zustimmst oder sie ablehnst. Dein Lehrer oder deine Lehrerin bewertet nicht deine Meinung, sondern nur, ob deine Argumente schlüssig sind und du sie gut auf Englisch ausdrücken kannst. Es ist auch gar nicht so wichtig, ob deine Antwort auch wirklich deine persönliche Meinung wiedergibt. Sieh dir deine Ideen für die Argumente zu den Themen ❶ bis ❸ aus Aufgabe 15 an und entscheide dich für ein „Statement", zu dem du viel sagen kannst bzw. bei dem dir die meisten passenden Ausdrücke einfallen. Übrigens musst du der Aussage auch nicht unbedingt völlig zustimmen bzw. sie komplett ablehnen, du kannst auch abwägen, z. B. mit „That depends ...".

❶ **Zustimmung:** I agree, because – in my opinion – there are far more boys than girls who like action films. You only have to look at my family. Whenever it is my brother's or father's turn to choose a film for the family film night, you can be sure it will be an action film. My dad is a big fan of James Bond, whereas my brother loves all the superhero films. During the films they are fascinated by the speed of the action and the – mostly male – heroes, while my mother and I often fall asleep during the fight scenes.

Ablehnung: That is absolutely not true. It is only a stereotype that boys like action films and girls prefer romantic comedies. You only have to look at any cinema in the country when the next top-rated action film is shown. You will definitely see boys as well as girls. However, it might be true that girls and boys enjoy different things in an action film. Personally, I like the car chases and dangerous stunts, but I am not a big fan of bloody fight scenes, whereas my brother seems to especially enjoy the fight scenes and the explosions.

❷ **Zustimmung:** It is very true that air traffic is one of the major causes of climate change. Nevertheless, a lot of planes take off worldwide each minute. In order to reduce the number of flights, it is essential for passengers to become aware of the damaging consequences of flying for the environment. If they have to pay twice as much for their plane tickets, passengers will hopefully look for alternative means of travelling – especially if they are only travelling short distances and could also easily go by train.

Ablehnung: I do not agree with this statement at all. Although I am aware of the fact that air traffic causes a decisive amount of damage to the environment and is one of the causes of global warming, I think it would be wrong to increase the price of plane tickets that much. Some people simply have to go by plane, for example, for their work or because their families live far away. It would be unfair to double the prices. However, I believe that everybody who plans a trip should think twice about whether flying is the only option.

❸ **Zustimmung:** Although the statement might be very extreme, I think it is true that people who eat meat are responsible for the death of another living being. In my opinion, they could therefore be considered killers. Most people do not even think about the animals they are eating when biting into a chunk of steak or a burger. Furthermore, the killing of the animals is not the only negative aspect. Consumers who like to buy cheap meat from the supermarket make sure that the lives of these animals are often torture, too.

Abwägende/ablehnende Haltung: On the one hand it is correct that animals have to die if people eat meat, even though the person eating the beef steak is not actually involved in the process of killing the cow. On the other hand, it makes an enormous difference to me what kind of meat someone eats. I would not call someone a killer who only buys meat if they are sure the animals were treated with care. I believe that it is OK to eat (organic) meat once in a while, but people should stop eating meat on a daily basis.

Aufgabe 17

Hinweis: Katies E-Mail bezieht sich auf das Thema „Wohnen auf dem Land oder in der Stadt?". Argumente, die für und gegen das Leben auf dem Land sprechen, hast du bereits in Aufgabe 15 zu Aussage ❹ gesammelt. Überlege dir nun auch Argumente, die für und gegen das Leben in einer Großstadt sprechen. Entscheidend ist, dass du auf Katies E-Mail eingehst und alle „prompts" aus der Aufgabenstellung berücksichtigst. Entscheide dich, ob du ihr eher zu einem Umzug aufs Land oder in eine neue Stadt raten willst.

Hi Katie,
It's so good to hear that your father has found a new job! That will make family life easier, although it seems like it's going to bring about lots of changes for you all, too. If you move to Exeter, you'll have to change schools and leave your friends behind. But if you move to the country, you might be stuck in that village and not be able to meet your friends often anyway. Whenever you wanted to go out, your parents would have to drive you. And I know how much you enjoy going shopping or to the cinema. You're simply a city girl and I'm sure you'd make new friends in Exeter quickly. You could stay in touch with your old friends on social media. *So in my opinion,* moving to Exeter *would be the best choice for you.*

Take care,
(your first name)

Aufgabe 18

Hinweis: Falls du Probleme hast, dich für eine Möglichkeit zu entscheiden, sieh dir die Wendungen zu Briefen und E-Mails in Kapitel 4.2 an. Überlege immer zuerst, ob du an diese Person einen persönlichen Brief schreiben würdest, weil du sie gut kennst, oder ob es sich um einen offiziellen Anlass handelt.

a) Hi Carlos,

Hinweis: Du kennst Carlos gut und schreibst ihm einen persönlichen Brief. Daher kommt von den drei Möglichkeiten nur „Hi Carlos," infrage.

b) Dear Ms Watson,

Hinweis: „Dear Sir/Madam," darfst du nicht verwenden, da du den Namen der Frau kennst. Nachdem du nicht weißt, ob sie verheiratet ist oder nicht, schreibst du „Ms".

c) Dear Sir or Madam,

Hinweis: In Briefen an eine Person, deren Namen man nicht kennt, schreibt man „Dear Sir or Madam," bzw. „Dear Sir/Madam,".

d) Dear Granny,

Hinweis: An deine Großmutter schreibst du natürlich einen persönlichen Brief. Von den angebotenen Optionen passt dazu nur „Dear Granny,".

Aufgabe 19

Hinweis: Auch für den passenden Abschluss von Briefen und E-Mails findest du die richtigen Wendungen in Kapitel 4.2. Es ist wieder wichtig, zwischen Personen, die du gut kennst, und Adressaten eines offiziellen Schreibens zu unterscheiden. Analysiere die Situationen in den Teilaufgaben a) bis d) sorgfältig, bevor du dich für eine Möglichkeit entscheidest.

a) Best wishes, Mike

Hinweis: Die beiden Brieffreunde kennen sich noch nicht so gut; um „Love" zu verwenden, müsstest du aber sicher sein, dass sich Carlos und Mike sehr nahe stehen – meist wird „Love" darüber hinaus unter Frauen verwendet. „Yours sincerely" ist zu förmlich. „Best wishes" passt daher am besten.

b) Yours sincerely,

Hinweis: „Love" und „Best wishes" sind in einer formellen E-Mail nicht angemessen.

c) Yours faithfully,

Hinweis: Wenn man den Adressaten nicht namentlich kennt, schreibt man in einem offiziellen Schreiben „Yours faithfully,".

d) Love,

Hinweis: Die einzig richtige Option für ein persönliches Schreiben ist hier „Love,".

Aufgabe 20

Hinweis: Für das korrekte Layout eines Geschäftsbriefes gibt es neben unserer Musterlösung auch noch andere richtige Varianten. Du könntest die Adresse des Absenders (und das Datum) z. B. auch auf der linken Seite platzieren. Denke daran, dass der Name des Absenders nicht bei der Adresse steht, sondern nur am Ende des Briefes nach der Grußformel.

31 Appletree Lane
Norwich
NR67 2ST

6th August 20...

Computer City
19 Park Road
Bath
BA2 7FD

Dear Sir/Madam,

Yesterday, I saw your advertisement in the newspaper for ...

Yours faithfully,
John Stuart
John Stuart

Aufgabe 21

Hinweis: Achte genau auf die Anforderungen in der Aufgabenstellung. Du musst dich für eine der genannten Städte entscheiden und sagen, wann du dorthin fahren möchtest und welche Art von Zimmer du benötigst. Darüber hinaus sollst du noch nach dem Preis und der Lage des Hotels fragen und dich erkundigen, was das Hotel alles bietet. Da der Reiseanbieter auch einen „ticket service" und „sightseeing tour packages" bewirbt, kannst du dir überlegen, welche Aktivität für dich infrage kommt.

Name: Benjamin Schneider
Email: benni@googlemail.com
Subject: Trip to Edinburgh

Your message:
Dear Sir/Madam,

I saw your advertisement for city breaks online and I am interested in spending a weekend in Edinburgh. Do you still have a single room in one of your 3-star hotels for two nights on the second weekend in August?
Would it be possible for you to give me some information about what kind of facilities the different hotels offer? For me, the most important thing is that Wi-Fi access is guaranteed in the room and that the hotel is near the centre. Which hotel would you recommend and what would it cost?

I am very interested in theatre. Could you perhaps give me some information about performances on these dates? If possible, I would like to use your ticket service.
Thank you for answering my questions.

Yours faithfully,
Benjamin Schneider

Aufgabe 22

Hinweis: Du schreibst eine E-Mail an ein Informationszentrum für Reisende in den USA. Lies die Arbeitsanweisung genau, denn sie liefert dir wichtige Informationen: Da du mit einem Freund oder einer Freundin gemeinsam zelten gehen willst, musst du deine Frage nach der „accommodation" entsprechend darauf ausrichten.

Subject: Camping trip to the Rocky Mountains

To whom it may concern:

My name is (your first and last name) and I am a sixteen-year-old student from Germany. My friend and I are planning a trip to the Rocky Mountains this summer. Both of us love camping and we think that the Rocky Mountains are an exciting destination. However, we have some questions regarding our trip. As I already mentioned, we like camping, so it would be fantastic if you could recommend some camp sites, especially those that are not too heavily frequented.
Furthermore, we would like to know whether it is possible to book hiking tours with you, because my friend and I would like to see as much of the region as possible. We would love to go on a guided hiking tour far away from the usual tourist paths.
Thank you very much for your help.

Yours faithfully,
(your first and last name)

Aufgabe 23

Hinweis: Setze dich zuerst mit dem Material und der Aufgabenstellung auseinander. In deiner E-Mail musst du deutlich machen, wie enttäuscht du von der Leistung bist. Dafür schilderst du die Zustände im Hotel möglichst anschaulich. Stell dir vor, du hast wirklich deinen Urlaub in so einem Hotel(zimmer) verbracht. In dem Schreiben darfst du ruhig deinen Ärger ausdrücken, musst aber trotzdem höflich sein.

Subject: Complaint about the Atlantic Dream Hotel

Dear Ms Philips,

Your travel agency is very well rated in online travel forums and that is why I decided to book my holiday with your agency. I hoped that this would not only save time but that I would also get very good service, as you promise on your website that you "choose the hotels with great care" and "guarantee an extraordinary time". I have just got back from my holiday at Atlantic Dream Hotel and my stay was indeed extraordinary, but not in a good way.
When I entered the room, it was untidy and the bed was not even made. Instead of the promised sea view, I had to watch – and listen to – the workmen on the construction site. If you would like to have a look at my roommates, I have included a photo of the cockroaches.
I am deeply disappointed by your service and would like to ask for a refund.

Yours sincerely,
(your first and last name)

Aufgabe 24

Hinweis: Sieh dir die möglichen Ideen an und überlege, was ein Mitarbeiter in der Personalabteilung des englischen Unternehmens davon halten würde. Vergleiche dafür alle vorgeschlagenen Ideen mit der Stellenanzeige und prüfe, ob sie den Erwartungen des Unternehmens entsprechen. Wähle nur die Vorschläge aus, die einem Bewerber bzw. einer Bewerberin dazu dienen, sich gut zu präsentieren und für den Arbeitgeber interessant zu wirken.

- I found the advertisement on your company's website.
- I could start work in July and stay for six weeks.
- I have good computer skills and like working with people.
- I am good at organising things.
- I am fluent in English and German.

- I would like to gain some work experience abroad.
- Enclosed: CV and certificates
- I did work experience with a German company last year.
- I would like to be a member of your team.
- I look forward to hearing from you.

Aufgabe 25

Hinweis: Verwende nun einige gute Ideen aus Aufgabe 24, um das Bewerbungsschreiben zu formulieren. Denke auch an die Regeln für ein offizielles Schreiben aus Kapitel 4.2.

Ahornallee 15
26123 Oldenburg
Germany

20 April 20…

ICSD Ltd.
Julia Weston
Personnel Manager
Coopers Row
London
W1A 2JQ
United Kingdom

Holiday job at ICSD Limited

Dear Ms Weston,

I am writing to apply for a holiday job at ICSD Ltd., as advertised on your website. I am 17 years old and I attend the "Goethe-Realschule" (Year 10), Oldenburg, Germany. I hope to take my final exams at the end of this school year.

I got very good marks in IT and I have a good working knowledge of Word and Excel. As I have also attended two language courses in England, I am fluent in written and spoken English and, of course, in German.

I would be glad to be a member of your team, because I enjoy working with people, am good at organising things, and would also like to have a holiday job where I can use my computer and language skills.

I look forward to hearing from you soon.

Yours sincerely,

(signature)
(your first and last name)

Enclosed: CV and certificates

Aufgabe 26

Hinweis: Überlege dir in Teilaufgabe a) mögliche Aktivitäten in San Francisco und sammle die jeweiligen Vorteile der beiden Unterbringungsmöglichkeiten in einer selbst erstellten Tabelle. Bezüglich der Aktivitäten kannst du dich von den Bildern in der Aufgabenstellung inspirieren lassen, oder aber eine andere Unternehmung vorschlagen. Was die Unterkunft betrifft, so kannst du entweder die Vorteile beider Möglichkeiten aufzählen und gegeneinander abwägen oder aber nur die Vorteile der einen Unterkunft nennen. Deine Entscheidung kannst du begründen, indem du z. B. einen Nachteil der anderen Unterbringungsmöglichkeit hervorhebst.

a) **Possible ideas:**

activities	• see Golden Gate Bridge • go on a cable car ride • visit Alcatraz • go to Fisherman's Wharf
sharing an apartment	• would be fun • cook together • spend free time together
host family	• hear correct English all day long • meet local people
preferred option	host family → disadvantage of sharing a flat: you don't speak to local people

b) Hi Fabio,
I can't wait to set out on our adventure. One thing I really would like to see is the Golden Gate Bridge. What about you?
I got the same e-mail about our accommodation. It would be great if we could stay together somewhere. Unfortunately, my parents don't like the idea of us sharing a flat with other students – with no adults around to keep an eye on us. I also think a host family might be a good choice. Maybe there'll be teenagers in the family and we'll make friends. They could show us the best places in the city. And of course a host family would also be better to improve our English. Why don't we ask to be placed in the same family?

Write soon, (your first name)

Aufgabe 27

Hinweis: Nutze die Möglichkeit, in einer Mindmap zuerst einmal Ideen zu sammeln. Die Mindmap enthält alle „prompts" aus der Aufgabenstellung. Dies ist eine weitere nützliche Arbeitstechnik, die du bei der Stoffsammlung für Schreibaufgaben nutzen kannst.

a)

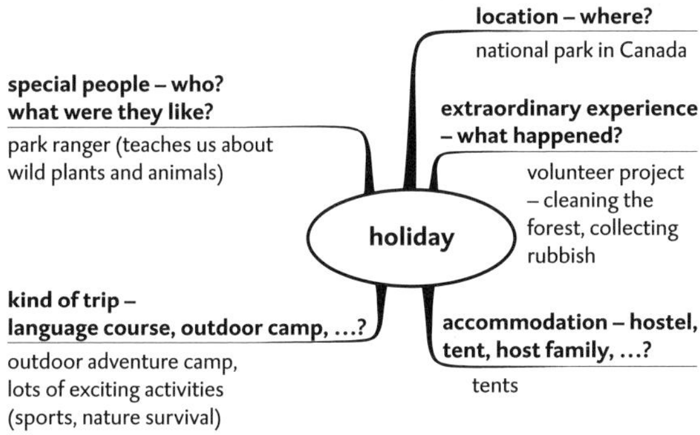

b) *Hinweis: In einem Blog kannst du deine Leser*innen direkt ansprechen. Stelle z. B. eine Anrede an den Anfang oder frage deine Leser und Leserinnen nach ihrer Meinung. Oft enthält ein Blog neben Text auch Fotos, die du in einer Prüfung natürlich nicht einfügen kannst. Du kannst aber ruhig so tun, als enthielte dein Blog Fotos, indem du Verweise darauf in den Text einbaust. Wähle sorgfältig gute Ideen aus Teilaufgabe a) aus und bringe sie in eine sinnvolle Reihenfolge. Eine mögliche Gliederung wäre:*

- *Einleitung: Erkläre, warum du dich heute an deine Leserschaft wendest.*
- *Hauptteil: Erzähle, was du gerade erlebst. Gehe auf alle vier „prompts" ein.*
- *Schluss: Stelle eine Frage an deine Leser*innen oder fordere sie auf, Kommentare zu posten.*

Hi guys, sorry that I've been so silent recently, but I've been really busy. I'm now at an outdoor adventure camp in Canada's first national park.
So what makes this a special trip? Well, firstly, because I've met some really cool people here. 20 kids from all over the world came to Canada to have fun together. There's Pablo from Spain and Sasha from the Ukraine, for example. We quickly found out that we share the same interests ☺
Usually we are outdoors 24/7 doing all kinds of activities – lots of sports, survival training etc. One of the best things is the volunteer project we're doing: a ranger taught us all about the local plants and animals and asked

us to help him clean up this part of the national park. It's unbelievable how much rubbish tourists leave behind. It's such a good experience to do something useful for the place you are travelling to! Have you had any similar experiences?

Aufgabe 28

Hinweis: Hier sind natürlich ganz viele verschiedene Lösungen denkbar. Schreibe am besten über einen Ort in Niedersachsen, den du selbst gut kennst. Wenn dir mehrere Möglichkeiten einfallen, dann mache dir zu allen Notizen auf Englisch. Wie du deine Notizen strukturierst, bleibt hier dir überlassen. Du kannst z. B. wie in Aufgabe 26 mit einer Tabelle arbeiten, oder wie in Aufgabe 27 eine Mindmap erstellen. Wähle den Ort aus, bei dem es dir am leichtesten fällt, ihn auf Englisch zu beschreiben. Denke auch daran, zu erklären, warum er dir so gut gefällt und wie man dort hinkommt; gehe auch auf Hollys Frage nach einem Treffen bzw. einem Besuch bei dir ein.

Hi Holly,

Wow, that's really good news! I'd love to meet you and your family. I've already told my parents and they've invited you all to stay with us in our holiday cottage on Wangerooge that we've rented for three weeks in July. If you don't have any plans yet, you're welcome to stay with us for a week.
Wangerooge is a small island off the German coast. There are no cars there, so it's really relaxing and would be something completely different from what you are used to in London! There's a fantastic beach there and I could teach you how to surf. Your parents could hire bikes and explore the island on two wheels. I'm sure you'd love it. The only disadvantage is that the boats can't leave the mainland at low tide, so the timetable is quite irregular. You could also fly, but that's more expensive. What do you think?

Aufgabe 29

Hinweis: Hier sollst du einen Tagebucheintrag formulieren. Denke bei dieser Textsorte daran, zu Beginn das Datum zu schreiben. Die Anrede „Dear Diary" kannst du ergänzen, sie ist aber nicht unbedingt notwendig. Kläre am besten mit deinem Lehrer oder deiner Lehrerin, ob in einer Klassenarbeit oder in der Abschlussprüfung „Dear Diary" zu Beginn des Eintrags stehen muss oder ob die Anredefloskel auch entfallen kann.

Bei dieser Aufgabe kannst du deiner Fantasie freien Lauf lassen, denn die inhaltlichen Vorgaben sind recht vage gehalten. Allerdings solltest du schon von einem besonderen Erlebnis berichten. Da es sich um dein persönliches Tagebuch handelt, sind umgangssprachliche Ausdrücke völlig in Ordnung. Außerdem sollst du ausdrücklich auf deine Gefühle eingehen.

12th October 20…

(Dear Diary,)
I've been waiting for today for the last two months. Mum and Dad had given me a super special birthday present – a ride in a hot-air balloon!
This morning, the three of us drove about 30 miles to the balloon. When we got there, it was 7 a.m. and still quite chilly. We put on warm clothes and helped get the balloon ready. Finally, we got into the basket. Altogether, there were eight of us and everyone was very excited, especially me! Dad looked a bit pale and I must admit, I was a bit nervous too, but Mum was cool as a cucumber … Suddenly we were off, flying high into the sky. What an exhilarating feeling! I'll always remember this fantastic day.

Aufgabe 30

Hinweis: Nach deiner Rückkehr schreibst du einen Tagebucheintrag über die schrecklichen Erlebnisse im Urlaub. Du kannst frei erfinden, was dir und deinen Eltern alles widerfahren ist. Obwohl hier in den Arbeitsanweisungen nicht explizit gefordert wird, dass du auf deine Gefühle eingehen sollst, sollten deine Emotionen dennoch mit einfließen.

11/8/20…

(Dear Diary,)
We're back – finally! Those last two weeks on holiday were the most awful weeks of my whole life. When Mum and Dad told me that we would be travelling to the US to drive the famous Route 66 in a motor caravan together, I was pretty excited. We flew to Chicago and fetched our "camper", but after our first day on tour, the vehicle broke down and we had to get a replacement. As the company didn't have another motor caravan, we got a normal car. For the rest of our trip we had to find hotel rooms for every single night, which meant that we sometimes had to spend our nights in cheap and dirty road motels. But the worst thing happened when we drove through Albuquerque: first, our car was stopped by the police for a check and then the policemen

turned out to be robbers who took our money, credit cards and my smartphone. It was absolutely terrible!

Aufgabe 31

Hinweis: Manchmal kommt es vor, dass dir der Anfang eines Textes vorgegeben wird. Es kann sich dabei um eine Geschichte, aber z. B. auch – wie in diesem Fall – um einen Tagebucheintrag handeln. Du kannst deiner Fantasie wieder freien Lauf lassen und ein beängstigendes Erlebnis erfinden. Wichtig ist jedoch, dass du deinen Text gut an den vorgegebenen Satz anschließt. Wie du an den Beispiellösungen zu den Aufgaben 29–31 sehen kannst, gibt es verschiedene Möglichkeiten, das Datum im Englischen zu schreiben.

Sunday, 24 June

I'm still shaking while I'm writing these lines. I've just had the most frightening experience ever. I spent the day with friends at the lake. First we had such a fantastic time – we were swimming and having fun in the water, and in the evening we had a barbecue by the lakeside. Just before leaving, Mike had this stupid idea to go for a last swim in the dark. We swam to the island in the middle of the lake. But what was that? Suddenly we saw a man searching all our belongings. I swam back as fast as I could but I had no chance. When I got out of the water and ran onto the street, I could only make out the rear lights of his car. He'd taken my smartphone, Pete's wallet and Maleah's new sunglasses. We called the police, but they didn't give us much hope that we'd get our things back …

Aufgabe 32

Hinweis: Du nimmst an einem Schreibwettbewerb teil und reichst dafür eine Filmbesprechung ein. Es wird von dir verlangt, dass du den Inhalt des Films beschreibst und auf drei weitere Aspekte eingehst. Lies die Aufgabenstellung genau, denn die Information, dass du den Inhalt des Films zusammenfassen sollst, steht nicht bei den Aufzählungspunkten. Achte also grundsätzlich darauf, dass du keine Details vergisst.

The first film of "The Hunger Games" trilogy is my favourite film. I had read the book before watching the film and although I knew what was going to happen, I was still very keen to see how they had adapted the story for the big screen. What I especially like about the film is that the main character is a brave girl.
The film is set in the future in a state called "Panem", which is divided into twelve districts. Every year, the "Hunger Games" take place, in which two children from each district have to fight each other until only one of them survives.
I saw the film at our local cinema, and I have got the DVD at home, so whenever I feel like it, I watch it again. Jennifer Lawrence, who plays the role of Katniss Everdeen, is a fantastic actress.

Aufgabe 33

Hinweis: Überlege, welche Freizeitaktivität oder Sportart du schon immer ausprobieren wolltest. Verfasse einen Artikel für ein Online-Jugendmagazin und beschreibe diese „leisure activity". Gehe auch darauf ein, warum, wann und wo du sie ausprobieren möchtest. Denke darüber hinaus an eine passende Überschrift.

A new activity I would like to try
The leisure activity I would like to try the most is downhill mountain biking. I love a good challenge and riding down a mountain on steep trails and going around rocks and roots would definitely be it, because it is not something I have done before. I believe that the most important thing when riding is to concentrate hard, because the slightest mistake can make you fall off your bike and that would be very dangerous. However, I know I would enjoy the speed; I have got a racing bike and I love cycling fast along the country roads.
My parents and I are spending our summer holiday in Austria, so I will give downhill mountain biking in the Alps a try for sure!

Aufgabe 34

Hinweis: Stelle dir vor, wie es dir gehen würde, wenn du eine Woche lang auf alle sozialen Netzwerke oder „messaging apps" verzichten müsstest. Könntest du leicht ohne Facebook, Instagram, Twitter, WhatsApp usw. auskommen? Wie würde es deinen Mitschülerinnen und Mitschülern ergehen? Am besten überlegst du dir als Vorbereitung für den Artikel mindestens einen Vorteil und einen Nach-

teil von sozialen Netzwerken. Dein Artikel sollte zusammenfassen, wie die Klasse diese Zeit ohne soziale Netzwerke erlebt hat.
Denk daran, dass ein Artikel auch eine Überschrift hat. Du kannst in diesem Fall „No social networks for a week" einfach aus der Aufgabenstellung übernehmen.

No social networks for a week

It's possible, but not for much longer than a week. That's the result of Year 10's media project.
It all started with Mr Shaw betting we couldn't survive more than a day without Facebook, Instagram, WhatsApp etc. We did, though, even for a whole week! It's amazing how much more free time we had. Many of us used it to meet with friends more often in person instead of chatting online. We also did some research about the dangers of social networks. Did you know that one in four teenagers has already been a victim of cyberbullying?
However, none of us could imagine giving up social networks altogether. They simply make our lives so much easier.
All in all, this week helped us think about the good and bad aspects of social networks. Try it for yourselves!

Aufgabe 35

Hinweis: Du stehst kurz vor deinem Schulabschluss und möchtest danach ein „gap year" machen. Für deine englischsprachige Schülerzeitung schreibst du einen Artikel über das Thema. Lies dir die Aufgabenstellung genau durch und hake die Aspekte ab, über die du in deinem Text schreiben möchtest. Der folgende Lösungsvorschlag ist deutlich länger als 150 Wörter, da er alle Auswahlmöglichkeiten aufgreift, damit du siehst, wie du die einzelnen Themen formulieren und miteinander verbinden kannst. Du solltest dich in deinem Text aber auf drei Aspekte beschränken.

School will be over soon: now what?

My name is Mia Becker and I will be taking my exams in six months' time. The big question for me and all my classmates is: what's next? I have thought long and hard about what I would like to do after I leave school. I have talked to my parents, my sister, my friends and my teachers, and everyone has given me some good advice.
However, I have to decide for myself what will be best for me, so before starting work, I'm going to take a gap year. I want to travel the world, meet interesting people from other countries, get to know foreign cultures, improve my

English and enjoy life. I also want to use this time to decide which field I would like to work in later on. I know that some employers (and parents) think taking a gap year is a waste of time, but I disagree. I strongly believe that you can grow as a person because you are responsible for all your own decisions and for everything you do.
I would like to go to Australia, where I would love to work on a farm in the Outback for a few weeks first. It would be a totally new experience for me – I am used to busy life in Hanover. Then I'd like to travel all around the country and decide spontaneously what to do next.
A friend of mine asked me if she could travel with me and I told her that I wanted to go alone. To be honest, it would feel much safer to be travelling with someone I know and like, but I have the feeling that I have to do this on my own.

Aufgabe 36

Hinweis: Kreative Schreibaufgaben kommen häufig in deiner Abschlussprüfung vor. Nimm dir immer die Zeit, Ideen für deine Geschichte zu sammeln, bevor du mit dem Ausformulieren der „story" beginnst. Die Fragen in der Aufgabenstellung helfen dir dabei, deinen Text zu strukturieren: Überlege also zuerst, was denn an diesem Tag Verrücktes passiert sein könnte. Wenn du einen ungefähren Plan hast, fällt dir bestimmt auch ein, wie eine passende Nachricht auf dem Telefon dazu lauten könnte.
Bevor du zu schreiben beginnst, überlege, ob du deine Geschichte aus der Ich-Perspektive oder in der dritten Person schreiben möchtest. Beginne dann entsprechend mit „message on my" bzw. „his" oder „her phone". Beachte auch die Zeit, denn schon der Beginn „That day was just crazy. It all started …" signalisiert dir, dass die Geschichte in der Vergangenheit spielt. Die Verben stehen daher vermutlich meist im „past tense". Wähle sorgfältig aus, welche Ideen du schließlich umsetzt.

b) *That day was just crazy. It all started with a message on his phone:* "Come to the sports stadium at once. Don't ask why! You'll love it." It appeared on Saturday morning in the chat group of his sports club. "Why not?", Tom thought and was at the stadium 20 minutes later. When he arrived, about 100 people were already waiting. The club leaders said that this was a singing and dancing competition to find the best talents for a performance that was to take place right before the opening match of the football season. Tom was fascinated by the idea of singing in front of such a big audience. So he took part in all the crazy things they were told to do. He was delighted to be in the last round – until the final task: "What date is it today?" – It was April 1st. It was all just a joke.

Aufgabe 37

Hinweis: Gehe am besten wieder so vor wie bei Aufgabe 36 und sammle zuerst Ideen, bevor du mit dem Schreiben beginnst. Was könnte ein Außerirdischer über das Leben auf der Erde denken? Welche Probleme könnte er/sie bekommen? Nachdem im ersten Satz das außerirdische Wesen in der ersten Person spricht („I … my …"), musst du auch den Rest der Geschichte aus dieser Perspektive schreiben. Du kannst selbst entscheiden, ob X23 erzählt, was ihm/ihr an diesem Tag passiert ist (also in der Vergangenheit), oder ob die Geschichte in der Gegenwart erzählt wird.

Hi, I'm X23 and it's my first day on planet Earth. I'm sitting in this kind of stone box together with my new friend Dylan. He calls it "my room" – whatever that means. I rolled around town all day exploring this place. There are so many weird things here, such as people sitting around and putting things into holes in their faces – in public!! Crazy. Dylan explained that this is what people on Earth call "eating". They "eat" things in many different colours, shapes and sizes, and some of them look quite interesting, but everything smells horrible! Yuck! I am so hungry, too! I really need some electricity soon. But so far I haven't been able to find a socket for my plug anywhere – you know, the usual one with eight holes. I'm so glad I met Dylan in this electronics shop. He took me to his "room" with all these cool gadgets. He says he can fix my problem in no time. I really hope he's right – beep, beep, beeeeeeeeeeeeep.

▶ Lösungen zum Bereich „Speaking“

Hinweis: Lies dir die Lösungsvorschläge zu den einzelnen Aufgaben aufmerksam durch und markiere dir hilfreiche Wendungen, die du für deine Antworten übernehmen kannst. Die Lösungsvorschläge sollen dir ein Anhaltspunkt sein, wie eine gute Lösung aussehen könnte. Lass dich also nicht verunsichern, wenn du bei der Bearbeitung der Aufgaben ganz anders formuliert oder andere Schwerpunkte gesetzt hast.

Oral exam – Part I

Aufgabe 1

Hinweis: Lege dir eine Mindmap an, in die du alles über deine Familie einträgst, was du auch in der Prüfung erzählen möchtest. Nimm dir am besten ein großes Blatt Papier, damit du genügend Platz hast, alle Ideen unterzubringen. So kannst du auch zu einem späteren Zeitpunkt weitere Aspekte ergänzen.
Du kannst z. B. mit den Namen und dem Alter deiner Eltern und Geschwister beginnen. Hier kannst du anschließen, ob du dich mit deinen Eltern und Geschwistern gut verstehst, worüber ihr euch streitet und welche Aktivitäten ihr gerne gemeinsam unternehmt. Du kannst auch auf das Aussehen oder die Hobbys der anderen Familienmitgliedern eingehen. Außerdem bietet es sich an, euer Haus/eure Wohnung und euer Stadtviertel/Dorf zu beschreiben.
Darüber hinaus kannst du berichten, welche Berufe deine Eltern ausüben, und ob du/deine Geschwister einen Nebenjob hast/haben. Wenn du dich gut auskennst, kannst du auch Einzelheiten über den Beruf deines Vaters oder deiner Mutter erzählen.
Ein weiterer Anknüpfungspunkt sind vergangene Urlaube und Urlaubspläne. Auch deine Großeltern, entferntere Verwandte oder Haustiere kannst du in deinen Vortrag einschließen.

(example answer)

- sister / brother: Sabine, Leon
- dog: "Faya"
- mother: Elke, dietitian, 44
- father: Peter, own company/car dealer, 46
- activities together: shopping, cinema
- always fun to be with the whole family
- sometimes we argue, not often, parents strict
- jogging, swimming, going for a walk with the dog
- summer holidays: always in Spain (sunshine, beach, ice-cream …)
- …

Aufgabe 2

*Hinweis: Um Sicherheit zu gewinnen, solltest du deinen Vortrag mithilfe deiner Mindmap immer wieder üben. Wenn möglich, solltest du auch vor „Publikum" üben, um die Prüfungssituation zu simulieren. Auf diese Weise baust du Hemmungen ab und bekommst hilfreiches Feedback zum Aufbau und Inhalt deines Vortrages, zum Sprechtempo, zu Gestik und Mimik sowie zum Gebrauch von Grammatik und Wortschatz. Versuche, die Aufmerksamkeit deiner Zuhörer*innen aufrecht zu erhalten, indem du immer wieder Blickkontakt mit ihnen aufnimmst.*

(example answer)

Teacher: *Tell me something about your family.*

You: *Well, in my family, there are* my sister and brother. Their names are Sabine and Leon. Sabine is one year younger than I am and Leon is our older brother. He's 19 years old. There are my parents, of course. Their names are Elke and Peter and they're 44 and 46 years old. We've had a dog for four years; her name is "Faya".

I get along well with my parents and my siblings most of the time, but sometimes we argue, too. My parents are quite strict and sometimes they don't allow me to go out. They always want to know where I go and who I spend my time with, which gets on my nerves. When I have an argument with my brother or sister, we usually don't stay angry for long.

At the weekends, my family sometimes go shopping or to the cinema together. That's fun!

My brother Leon plays football. He's very good at it and loves it. I, on the other hand, find football boring. I'm generally not so interested in team sports. I prefer jogging, swimming or going for a long walk with our dog.
My family live in a flat in Hanover. My brother still lives with us, but he's planning to move out soon. I like our flat very much, although Sabine and I have to share a room, because there is not so much space. We live near the city, so everything, for example the shops, is really close, which is quite handy.
Our flat's in a big block of flats. Our neighbours are all very friendly, but sometimes the family that lives next door gets on my nerves because they are very noisy. It's really annoying when you want to sleep, relax or when you have to study for school.
My dad has got a company that sells cars. My mother used to be a stay-at-home mum when we were younger, but now she's back in her job. She works part-time as a dietitian in a health clinic, where she advises the patients on how to lead a healthy lifestyle. Apart from that, she sometimes helps out in the office of my dad's company. So she's always very busy.
Every summer, we go on holiday to Spain for two weeks. Last year we visited the South of Spain, but this year we're going to Mallorca. I'm really looking forward to our trip. The sun nearly always shines, the beaches are great and I can eat lots of ice-cream.

Oral exam – Part II

Hinweis: In diesem Teil der Prüfung sollst du eine Bildbeschreibung machen. Sieh dir das Bild/Foto, das dir vorgelegt wird, daher genau an. Was ist im Vordergrund bzw. Hintergrund zu sehen? Überlege genau, auf welche Aspekte du eingehen möchtest. Wenn dir ein persönlicher Bezug zum Bild einfällt, kannst du diesen Aspekt auch erwähnen. Versuche, deine Antwort insgesamt gut zu strukturieren. Wichtig ist außerdem, dass du möglichst flüssig und in ganzen Sätzen auf Englisch sprichst. Du solltest in etwa zwei Minuten über das Bild sprechen.
Wenn du einmal nicht weiter wissen solltest, wird dir dein Lehrer oder deine Lehrerin eine Frage zum Bild stellen, wie z. B. "What has happened?" oder "What could be the problem?". Hier kannst du dann Vermutungen anstellen, welche Situation dem Bild vorausgegangen sein könnte bzw. worin das Problem besteht.

Erst wenn du deine Ausführungen abgeschlossen hast, bekommt dein Mitprüfling ein Bild ausgehändigt.

Aufgabe 3

(example answer)

Teacher (to Candidate A): Describe the picture, please.

Candidate A: In the picture I can see two people who are sitting in front of a computer screen. They seem to be in a computer room at school, or in an office, because in the background you can see another computer screen. Although they're in a computer room, I don't think the man is a teacher. In my opinion, he's the girl's father. The blond girl, who is probably ten years old, and the man aren't happy at all. You can see from the expression on their faces that they are rather frustrated. I believe that there's something wrong with the computer.

Last week, something similar happened to me. I was preparing a presentation for school when suddenly my computer crashed. The screen went blank and I couldn't turn the computer back on. I was really nervous, because I had worked for hours and the presentation was the next day. Luckily, my father was home. He called a friend of his, who is a computer expert. He came to our house and managed to repair the computer quickly. After that, everything was OK.

Teacher: I hope your presentation was successful. Now let's go back to our photo here. What will happen next?

Candidate A: Well, I believe that the man will try a few things to get the programme running again. After that, I think they'll switch off the computer and try to work on the other computer, which we can see in the background.

Teacher: Why are they sitting at the computer?

Candidate A: It's possible that the girl has to do some research for a presentation. Or maybe she has received a bad mark in a subject and now has to do some exercises online. No matter the reason, she's definitely not motivated. I'd say she looks sad and disappointed.

Teacher: Thank you. Can I have the papers back, please.

Aufgabe 4

(example answer)

Teacher (to Candidate B): Describe the picture, please.

Candidate B: In the picture I can see five children. There are three girls and two boys. I expect that they're ten or eleven years old. I believe that they're at school, because the blond girl in the foreground is sitting at a typical school desk. The other four children are sitting on their desks. One boy is sitting on the left of the photo, whereas the other boy is sitting on the right. The two girls in the background seem to be whispering something. The girl in the centre is looking away from her classmates.

Teacher: Thank you. What could the children be talking about?

Candidate B: I think the two girls in the background are talking about the girl in the foreground. The girl in the centre looks unhappy and sad. Maybe she has had an argument with the other girls, or the other girls are bullying her for some reason. The boys seem to know that something is going on. They are looking at the scene without doing anything. They don't join in the bullying, but they don't help the bullied girl either.

Teacher: Alright. What might happen next?

Candidate B: Well, I hope that the boys will soon have had enough and tell the two bullies to stop. It would be nice if they walked over to the girl, talked to her and showed her that she isn't alone.

Teacher: Thank you. Do you know anyone who has been in a situation like this?

Candidate B: I'm so glad that I have never been in such a situation, but one of my friends has. Fortunately, his teachers soon found out that he was being bullied by some of his classmates and took action. They talked to the bullies and to the class and now everything is all right.

Teacher: Thank you so much for sharing all this with us. Can I have the papers back, please.

Oral exam – Part III

Aufgabe 5

Hinweis: Bilde (am besten zusammen mit einem Mitschüler oder einer Mitschülerin) anhand der Stichpunkte auf den Rollenkarten Fragen und Antworten für das Verkaufsgespräch. Achte auch hier wieder auf einen logischen Gesprächsaufbau.

(example dialogue)

Candidate B: Hello, how can I help you?

Candidate A: Are there still tickets for "The Royal Family"?

Candidate B: Yes, there are. How many would you like to have?

Candidate A: Three, please.

Candidate B: The tickets for the back rows are £ 6 each, the tickets for the front rows £ 4. Which tickets would you like to have?

Candidate A: I'd like to have the front row tickets for £ 4, please.

Candidate B: Do you have student ID? Tickets for students are £ 1 cheaper.

Candidate A: Oh no, what a shame! We're all students, but we didn't bring our student IDs with us.

Candidate B: I'm so sorry, but I can't give you the cheaper tickets.

Candidate A: That's OK.

Candidate B: Here you are. That's £ 12 … Is there anything else I can do for you?

Candidate A: Yes, please. What time does the film end?

Candidate B: The film ends at quarter to nine.

Candidate A: I see. One more thing: Where can we buy some popcorn and something to drink?

Candidate B: At the bar over there. And if you want to buy a film poster, you can get it at our little cinema shop.

Candidate A: All right, but I don't think we'll buy a poster. Thanks anyway.

Candidate B: Bye.

Aufgabe 6

Hinweis: Hier sollt ihr gemeinsam einen Dialog entwickeln. Eure Schule hat 2,500 € für wohltätige Zwecke gesammelt. Eure Aufgabe ist es, euch auf eine (oder mehrere) Organisationen zu einigen, der bzw. denen ihr das Geld spenden wollt.
Ihr könntet in eurem Gespräch auf die Wichtigkeit jeder Wohltätigkeitsorganisation und deren Vor- oder Nachteile eingehen sowie eure persönliche Meinung begründen. Darüber hinaus könntet ihr die Frage diskutieren, ob es besser ist, lokale oder weltweite Organisationen zu unterstützen. Zudem könntet ihr besprechen, ob es sinnvoll ist, den Betrag auf mehrere Hilfsorganisationen aufzuteilen.
Da die prüfende Lehrkraft bei diesem Teil des „oral exam" in der Regel nicht eingreift, müssen die Prüflinge das Gespräch selbst aufrechterhalten. Bleibe ganz konzentriert, damit du spontan und angemessen auf die Äußerungen deines Gegenübers reagieren kannst. Am Ende solltet ihr zu einer Einigung kommen.

(example answer)

Teacher: At our summer party last year the school raised €2,500 to give to a charity. Which charity do you think we should give it to? Here are some we have selected, but of course you may have other ideas, too. Discuss carefully the reasons for and against each charity and try to come to a decision about what to do with the money.

Candidate A: € 2,500 is a lot of money. I think we should choose the right organization carefully.

Candidate B: You're absolutely right. What about sponsoring children in the developing world? We could donate money so that these children can buy school books and go to school. Or we could support a charity that wants to increase AIDS awareness. I believe that AIDS is not talked about enough. Many young people don't seem to take the disease seriously.

Candidate A: Those are good ideas, but don't you think it would be better to support a local charity? We would know how our money is spent and maybe we could even go there and see for ourselves?

Candidate B: You're right. That's an aspect I hadn't thought about; I totally agree. What about the local animal hospital? I know for a fact that they are in need of a lot of money, because their buildings have to be renovated.

Candidate A: That would be an option, but I'd still prefer something to do with children or the environment. We could give the money to the new kindergarten in town, for example. They still need equipment for their playground and lots of toys. Or we could support "Green", which is the new environmental group here in town.

Candidate B: I'm sorry, but I'm against supporting Green – the group has just been founded and they don't seem to be very organised at the moment. I fear they'd waste our money. However, I think your idea to donate money for the kindergarten is fantastic.

Candidate A: You really think so? Great. So our suggestion is to give the money to the kindergarten. I'm really keen to find out which charity the other pupils choose.

▶ Lösungen zu den Original-Aufgaben der Abschlussprüfung

I. Listening

Hinweis: Die Abschlussprüfung beginnt mit dem „listening part“, in dem du zeigen kannst, wie gut du gesprochenes Englisch verstehst. Alle Texte werden einmal wiederholt, sodass du ganz beruhigt sein kannst, wenn du beim ersten Hördurchgang noch nicht alles verstanden hast bzw. noch nicht alle Aufgaben lösen konntest. Damit du dich mit den verschiedenen Fragestellungen vertraut machen kannst und weißt, worauf du beim Hören achten sollst, hast du zu Beginn eines jeden Textes ausreichend Zeit, dir die Fragestellungen durchzulesen. Jede Aufgabe beginnt außerdem mit einem Beispiel.

Part 1

Hinweis: Im ersten Teil des „listening exam“ hörst du ein Beispiel, gefolgt von drei Dialogen und einem Monolog. Bei dieser Multiple-Choice-Aufgabe sollst du das jeweils passende Bild zu den Texten finden. Lies dir vor dem ersten Hören die Fragen in Ruhe durch und sieh dir auch die Antwortmöglichkeiten an. Achte dann beim Hören auf die gefragten Details.

0. C

   Hinweis: “Hm, maybe something to kill the time at the airport. – Yes. That’s a good idea. I’ll stop by the newsagent’s.” (Z. 3–5) Bei „newsagent“ handelt es sich um ein Zeitschriftengeschäft.

1. B

   Hinweis: Lass dich durch die Nennung mehrerer Daten im Gespräch nicht verunsichern. Es ist nur gefragt, wann die Bank die Kontoauszüge verschickt: “Bank statements are always mailed on the last day of the month [...]” (Z. 3)

2. B

   Hinweis: Sieh dir vor allem die Bilder A und B aufmerksam an. Nur bei genauerem Hinsehen kannst du erkennen, dass es sich bei dem ersten Gericht um das „peanut chicken masala“ und beim zweiten Gericht um die „pasta arrabbiata“ handeln muss. Lass dich nicht irritieren, wenn du die exotischeren Gerichte nicht kennst. Es reicht vollkommen, wenn du auf die Schlüsselwörter achtest, um auf die richtige Lösung zu kommen: “I hate fish and I’m allergic to peanuts. But the other one sounds great." (Z. 6/7) Durch das Ausschlussverfahren wird klar, dass die Frau und der Mann das Nudelgericht kochen werden.

3. B

   Hinweis: Da in diesem kurzen Gespräch alle Uhrzeiten genannt werden, musst du wieder gut aufpassen. Du sollst herausfinden, um wie viel Uhr die Prüfung beginnt: "As I said before, at 8:15 sharp." (Z. 3) Der Ausdruck „at 8:15 sharp" bedeutet „um Punkt 8:15 Uhr". Dass die Klasse eine Viertelstunde vorher da sein soll und dass eine Schülerin fälschlicherweise annimmt, dass die Prüfung erst um 8:30 Uhr beginnt, ist nicht relevant.

4. C

   Hinweis: Aufgrund der Schlechtwetterlage muss die Fluggesellschaft den Flug nach Toronto streichen: "Flight SRM 051 to Toronto International is not in service today." (Z. 5/6)

Part 2

Hinweis: In diesem Teil hörst du ein längeres Gespräch zwischen Andrea und Brandon, die über ihre Sommerferien sprechen, in denen sie gemeinsam etwas unternehmen wollen. Deine Aufgabe ist es, zu den vorgegebenen Satzanfängen das jeweils passende Satzende auszuwählen.

0. a)

   Hinweis: "I've been looking at some brochures about what to do in the summer break." (Z. 1/2)

5. b)

   Hinweis: Andrea spricht mit Brandon über drei Kataloge, allerdings wird in den Satzenden nur eine Reise richtig wiedergegeben: "And that is a sports camp where you do different ... well, obviously ... sports. It's a week shorter." (Z. 8/9) Das Camp ist eine Woche kürzer als der fünfwöchige Spanischkurs. Von einer Reise nach Spanien oder einer Kreuzfahrt spricht Andrea nicht.

6. a)

   Hinweis: "Hmm, what sports do they offer at the sports camp? – Outdoor sports like climbing, hiking, rafting and mountain-biking. There's no indoor stuff or team sports." (Z. 11–13)

7. c)

Hinweis: "I'm not up for too much action or study during my break. I'd rather chill out a little [...]"(Z. 15/16)

8. c)

Hinweis: "The Star Palace would be an all-inclusive deal, but it's 700 bucks each. – But [...] there are no additional costs. [...] – Well then, let's go for the luxury package." (Z. 21–26)

9. c)

Hinweis: Da die Flüge im Preis inbegriffen sind und es sich um keine Direktflüge handelt, kommt nur Antwortmöglichkeit c) infrage: "We'd have to live with some pretty long stopovers. But we can <u>leave right here</u> from Springfield [...]" (Z. 27–29)

10. a)

Hinweis: "I'm going to ask my grandparents. When I help them around the house, they usually get pretty generous. [...] So I won't need to babysit." (Z. 30–32)

11. b)

Hinweis: Andrea hat keine Lust auf Tauchen, möchte aber Surfen lernen: "I'm pretty scared underwater. But surfing? I've always wanted to give it a shot." (Z. 34/35) Brandon hat auch Lust auf Surfen. Die beiden können in Miami zwar ausgehen, müssen aber um 23 Uhr zurück im Hotel sein (vgl. Z. 36–40), deshalb kommt nur Satzende b) infrage.

Part 3

Hinweis: In dem Vortrag von Matt Cutts geht es darum, wie man sein Leben verändern kann, indem man sich jeweils 30 Tage lang kleinen oder auch größeren Herausforderungen stellt. Der Hörtext in der Abschlussprüfung weicht leicht vom Original ab: Die Original-Rede ist etwas länger und enthält z. T. schwierigeres Vokabular.
Bevor du das Video zum ersten Mal abspielst, solltest du dir die Aufgabe und die redaktionellen Anmerkungen (siehe Seite 2019-3 im Trainingsband) in Ruhe durchlesen. Gehe im Trainingsband auch auf die Seiten 2019-18 und 2019-19 und lies dir den Hinweis durch. Er enthält eine Liste mit Wörtern, die du kennen solltest, um die Aufgaben bearbeiten zu können.

In den nachfolgenden Hinweisen wird aus der Original-Rede zitiert. Auf Unterschiede zur in der Prüfung verwendeten Datei wirst du aufmerksam gemacht.

0. try something new

Hinweis: "A few years ago, I felt like I was stuck in a rut, so I decided to [...] try something new for 30 days." Die Redewendung „(to) be stuck in a rut", die in der adaptierten Fassung der Abschlussprüfung nicht vorkam, bedeutet „in einen Trott geraten sein". Auch der Bezug auf Morgan Spurlock, der sich 30 Tage lang nur von Fast Food ernährte und darüber den Film „Super Size Me" drehte, kam in der Prüfung nicht vor.

12. took a picture every day (for a month)

Hinweis: Um auf die richtige Lösung zu kommen, solltest du dir das Video genau ansehen und nicht nur auf den gesprochenen Text achten: "This was part of a challenge I did to take a picture every day for a month." In der adaptierten Fassung der Abschlussprüfung wird im gesprochenen Text noch deutlicher hervorgehoben, dass es sich um die erste „challenge" handelte. Siehe deshalb hierzu auch die redaktionelle Anmerkung in den Prüfungsaufgaben auf Seite 2019-3.

13./14. ① (more) self-confident

② (more) active / fit(ter) / (more) athletic

③ (more) adventurous

Hinweis: "[A]s I started to do more and harder 30-day challenges, my self-confidence grew. I went from desk-dwelling computer nerd to the kind of guy who bikes to work. For fun! [...] I ended up hiking up Mount Kilimanjaro [...]. I would never have been that adventurous before I started my 30-day challenges." Du brauchst hier <u>zwei</u> aussagekräftige Adjektive. Sowohl die Grundform als auch der Komparativ sind möglich.

15. (you are) tired / sleep-deprived / overtired / you don't get enough sleep

Hinweis: "You might be sleep-deprived, but you'll finish your novel."

16. (they are) more likely to stick
Hinweis: "I learned that when I made small, sustainable changes, things I could keep doing, they were more likely to stick."

17. trying something you have always wanted to try
or: giving something a shot that you have always wanted to try
Hinweis: "[...] so why not think about something you have always wanted to try and give it a shot! For the next 30 days."
In der Abschlussprüfung wich der letzte Teil der Rede stärker vom Original ab. Die adaptierte Fassung lautet: "If you think your life is perfect as it is: great, don't change anything. But if not, change it. Start simple. The first thing you can do is go outside for at least 10 minutes every day. After 30 days you will notice the effect it has on you. Be prepared to be surprised." In der Abschlussprüfung wurden somit Antworten wie „starting simple" oder „going outside for (at least) ten minutes a day" akzeptiert.

Part 4

Hinweis: In diesem Teil hörst du ein für die Prüfung adaptiertes Interview, das Radioreporter Steve Kovach mit dem Roboter Sophia führt. Dadurch, dass es sich um ein Gespräch mit einem Roboter handelt, ist der Verlauf der Unterhaltung nicht immer ganz schlüssig. Lass dich davon nicht verunsichern, sondern konzentriere dich auf die gefragten Aspekte. In dieser Aufgabe sollst du entscheiden, ob Aussagen zum Hörtext richtig oder falsch sind.

0. true
Hinweis: "My name is Sophia and I am an artificially intelligent robot who wants to help change the world for the better." (Z. 3/4)

18. true
Hinweis: "I want to embody all the best things about human beings, like taking care of the planet, being creative, and friendly to all beings." (Z. 6/7)

19. false
Hinweis: Genau das Gegenteil ist der Fall: "[...] humans and robots will never be the same." (Z. 9/10)

20. true

Hinweis: Diese Aufgabe ist nicht ganz einfach, da recht anspruchsvolles Vokabular vorausgesetzt wird. Das Wort „indeed" bedeutet u. a. „in der Tat, allerdings" und bestätigt somit die vorausgehende Äußerung. Der Begriff „default answer" kann am besten mit „Standard-Antwort" wiedergegeben werden. Sophia antwortet also immer mit „indeed", wenn sie keine Antwort parat hat: "Is 'indeed' your default answer when you don't know something? – Yes." (Z. 21/22)

21. false

Hinweis: "No, I'm not much up-to-date with television. I have to wait for someone to show it to me." (Z. 24/25)

22. false

Hinweis: Auch hier trifft wieder genau das Gegenteil zu: "I [...] think what happens in these shows is a warning about what humans should not do with robots. They should be treated well, be respected and not tricked." (Z. 27–29)

23. true

*Hinweis: "*Black Mirror *[...] has a lot to say about the present we live in and how things could end badly if we don't proceed more carefully. We need to look ahead when planning our future." (Z. 31–33)*

II. Reading

Hinweis: In diesem Teil der Prüfung wird dein Leseverständnis anhand von mehreren Texten und verschiedenen Aufgabenformaten überprüft. Da du hier die Möglichkeit hast, die Texte mehrmals durchzulesen, werden genauere Details abgefragt als in den Aufgaben zum Hörverstehen. Nimm dir ausreichend Zeit, die Texte und Fragestellungen zu verstehen, und kontrolliere am Ende deine Lösungen.

Part 1

Hinweis: In „part 1" sollst du entscheiden, ob fünf Aussagen zu den vier kurzen Texten richtig oder falsch sind. Bei den Texten handelt es sich um zwei Schilder, eine Anzeige und eine Eintrittskarte. Wichtig ist, dass die Aussagen nicht der Reihenfolge der Texte entsprechen. Arbeite deshalb ganz konzentriert und lies dir die Texte besonders aufmerksam durch.

1. true

   ✎ Hinweis: "Gusty winds – bicyclists are advised to walk bikes across the bridge" (Text 2)

2. false

   *✎ Hinweis: Es stimmt, dass während der Veranstaltung nicht fotografiert werden darf. Wenn sich Besucher*innen nicht an die Vorschrift halten, wird aber nicht deren Smartphone konfisziert, sondern sie müssen die „hip-hop night" verlassen: "Be aware: no photography or filming allowed during show; if violated you will be banned from premises" (Text 4)*

3. false

   ✎ Hinweis: "Pets must be on leash." (Text 1) Das Nomen „leash" bedeutet „Leine".

4. true

   ✎ Hinweis: Wenn an einem Computer die Festplatte ersetzt werden muss, hängt der Preis von der Größe der Festplatte ab: "Hard drive replacement range varies, depending on size of hard drive." (Text 3) Es gibt also keinen Festpreis.

5. true

   ✎ Hinweis: Hier musst du ganz genau lesen, denn der Konsum von Alkohol ist nicht generell verboten, sondern in ausgewiesenen Bereichen ausdrücklich gestattet: "No alcohol except in designated areas." (Text 1)

Part 2

✎ Hinweis: In „part 2" geht es um Umweltprobleme und deren Einfluss auf unser tägliches Leben. Der Lesetext besteht aus sechs kurzen Zusammenfassungen verschiedener Präsentationen zu ebendiesen Umweltbelangen. Deine Aufgabe ist es, jeder Zusammenfassung eine passende Überschrift zuzuordnen. Überlege gut, welche Überschrift jeweils am besten zu welcher Präsentation passt. Achte beim Lesen genau auf die Details, da sich die Beschreibungen und Überschriften zum Teil sehr ähneln. Jede Überschrift darf nur einmal verwendet werden. Zwei Überschriften bleiben übrig. Wenn du Schlüsselwörter nicht verstehst, kannst du dein Wörterbuch zu Hilfe nehmen. Vermeide aber, alle dir unbekannten Wörter nachzuschlagen, damit du nicht in Zeitnot gerätst.

6. F
✐ Hinweis: "Climate change is unfair. [...] poor people [...] struggle much more with killer storms, hunger and the loss of their own lands."
→ Heading F (Why climate change is harder on the poor)

7. E
✐ Hinweis: "Some island nations in the Pacific may soon disappear off the map because of rising sea levels. In a personal conversation, the author discusses his country's climate catastrophe [...]"
→ Heading E (My country may be underwater soon)

8. A
✐ Hinweis: "[W]here does [the trash] go? [...] the author shows us how our throwaway culture hits poor people and poor countries 'first and worst' [...]"
→ Heading A (The unjust consequences of our waste)

9. D
✐ Hinweis: "So why did colonies [of honeybees] start dying in great numbers in recent years? [...] the consequences may be tragic."
→ Heading D (A species we mustn't lose) In der Überschrift werden die Bienen nicht namentlich erwähnt, sondern als „species", also als Tierart, bezeichnet. Wichtig ist außerdem, dass du „mustn't" mit „nicht dürfen" übersetzt. Die „heading" bedeutet also „Eine Art, die wir nicht verlieren dürfen".

10. C
✐ Hinweis: In dieser Zusammenfassung geht es darum, wie gentechnologisch behandelte Pflanzen resistenter gegen Krankheiten und Stress werden. Die Landwirtschaft profitiert von diesen widerstandsfähigen Pflanzen: "The author [...] argues that modern genetics is sometimes the most effective method to improve agriculture and ensure food security for our planet's growing population." Auch wenn du nicht alles in dem Absatz verstanden haben solltest, helfen dir die Schlüsselwörter „gene(s)", „research" und „genetics" dabei, herauszufinden, dass es hier um Gentechnik geht. Das Wort „Gentechnik", das auf Englisch „genetic engineering" heißt, findet sich in abgewandelter Form in der Überschrift wieder.
→ Heading C (The case for engineering food) Die Überschrift zu verstehen, ist auch nicht ganz einfach. Das Nomen „case" kennst du wahrscheinlich in der Bedeutung „Fall". In diesem Zusammenhang kannst du es mit „Gründe für" übersetzen.

11. H

Hinweis: Auch hier geht es noch einmal um den Klimawandel, allerdings liegt der Schwerpunkt der Präsentation auf kreativen und zum Teil umstrittenen Problemlösungen, wie z. B. einem riesigen Sonnenschutz, der die globale Temperatur senken soll: "Danny Hillis invites us to think about creative scientific solutions to global issues like climate change. He looks at [...] solutions like building a giant solar shade to lower the global temperature."
→ Heading H (Cooling down the earth)

Part 3

Hinweis: Dieser Text handelt von Ohrwürmern und dem wissenschaftlichen Hintergrund, warum manche Lieder einem nicht mehr aus dem Kopf gehen. Deine Aufgabe ist es, die richtigen Satzenden zu den Satzanfängen auszuwählen. Denke daran, dass die Wörter aus dem Text in der Regel in den Antwortmöglichkeiten nicht direkt aufgegriffen, sondern umschrieben werden. Du musst also besonders genau arbeiten. Häufig ist es hilfreich, wenn du nach Synonymen, also bedeutungsgleichen oder -ähnlichen Wörtern, suchst. Oft kannst du auch unbekannte Wörter aus dem Deutschen erschließen.

0. c)

Hinweis: "You can't walk into school without Rihanna's voice singing 'work work work work work' in your head." (Z. 1/2)

12. a)

Hinweis: "And more than 90 % of <u>adults</u> report hearing them on a weekly (if not daily) basis." (Z. 6/7) Gleich im darauffolgenden Satz werden die anderen Wahlmöglichkeiten widerlegt, denn die durchschnittliche Dauer, die man einen Ohrwurm hat, beträgt eine halbe Stunde, nicht aber mindestens 30 Minuten. Außerdem sind Lieder mit Text häufiger Ohrwürmer als reine Instrumentalstücke.

13. b)

Hinweis: "Professor Margulis [...] says earworm songs [...] are rather up-tempo and contain a common melodic and simple structure [...]" (Z. 10–14) Um diese Aufgabe richtig zu lösen, musst du erkennen, dass „fast" in der Aufgabenstellung ein Synonym für „up-tempo" (Z. 14) im Text ist.

14. a)

Hinweis: "However, it is not just the song itself which might start a track in your head, it can also be odd and unpredictable stimuli such as objects or people you see." (Z. 16/17) Die Herausforderung bei diesem Satz ist, dass in der Lösungsmöglichkeit nur „... can be visual" angegeben ist und du die Verbindung zu „objects or people you see" herstellen musst. Die Bedeutung des Adjektivs „visual" kannst du vom deutschen Wort „visuell" herleiten. Wenn du also z. B. eine Person auf der Straße siehst, kann diese Begegnung ein Reiz (= „stimulus") sein, der den Ohrwurm auslöst.

15. c)

Hinweis: "While experts are starting to understand the common characteristics of earworm songs, they're less clear on why these songs stick in our heads in the first place. For now, the exact reason [...] remains a mystery." (Z. 21–24)

16. b)

Hinweis: "But there are some [...] ways to rid yourself of earworms. 'Finding a mentally demanding task and putting your mind on it usually shifts attention away from internal music,' [...]" (Z. 25–27) Um einen Ohrwurm loszuwerden, musst du dein Gehirn also mit einer anspruchsvollen Aufgabe fordern (= „(to) challenge").

17. a)

Hinweis: "Chewing gum can also help [...] 'If you make your mouth do something else'– chewing gum, eating a meal or talking with a friend – 'that can kick out the earworm.'" (Z. 30–33)

18. a)

Hinweis: "By listening to the full track that includes the passage stuck in your head you may find 'closure' and relief." (Z. 34/35)

Part 4

Hinweis: Denke bei diesem Aufgabenformat daran, auch die richtigen Zeilenangaben aufzuschreiben. Nur wenn die Zeilenangaben stimmen, erhältst du jeweils einen Punkt.

0. true – line 1
   Hinweis: "When I was a teenager, no one in my school was openly gay."

19. false – lines 1–5 **or** lines 4/5
   Hinweis: Du kannst dich hier entweder auf die Zeilen 1 bis 5 oder nur auf die Zeilen 4 und 5 beziehen: "I [...] hid my true identity. [...] Back when I was a student, I don't remember ever discussing topics like homosexuality."

20. false – lines 6/7
   Hinweis: "Since entering the classroom as a teacher, I have been open with my students about my sexuality."

21. false – lines 10/11
   Hinweis: "But my students have responded well and seem to respect me for being authentic."

22. true – lines 13–16
   Hinweis: "I have also tried to play a small role in encouraging discussion on diversity and celebrating it. I started by organising assemblies for every year group, looking at respecting each other's identity and celebrating positive LGBT role models."

23. true – lines 18/19
   Hinweis: "[...] all staff need to be trained to stop homophobic, biphobic and transphobic bullying."

24. true – lines 21/22
   Hinweis: "Since then, my colleagues have started many projects on the topic of diversity to challenge homophobic views or language."

III. Mediating

Hinweis: Grundsätzlich ist beim „Mediating" jede Lösung akzeptabel, durch die der Empfänger die Mitteilung versteht und angemessen darauf reagieren kann. Für jede inhaltlich richtige sowie verständliche Information bzw. Aussage wird ein Punkt vergeben. Es gibt keine halben Punkte.
In dieser Aufgabe liegt dir ein deutschsprachiger Text vor, zu dem du Fragen auf Englisch beantworten musst. Da es sich bei dieser Aufgabe um eine Unterhaltung mit einer vertrauten Person, nämlich mit deinem Onkel Curt, handelt, kannst du im „Online-Chat" durchaus umgangssprachlich antworten. „Formal English" wäre hier fehl am Platz.
Versuche, Fachbegriffe zu umschreiben. Denke auch daran, dass du nicht alle Details erklären musst, aber dass du alle relevanten Aspekte wiedergibst. Schwierige Wörter kannst du im Wörterbuch nachschlagen.
Lies dir den Text über die Tragschrauber-Rundflüge ruhig mehrfach durch und unterstreiche wichtige Aspekte.

Lösungsvorschläge

1. Don't worry, it's one of the safest ways to fly in the world (because of the way it's constructed).
   or: It's very safe. (You don't need to worry.)
   Hinweis: „Der Tragschrauber ist durch seine Konstruktion eines der sichersten […] Flugerlebnisse, die es momentan auf der Welt gibt." (Z. 2–4)

2. You sit/You'll be seated (right) behind the pilot.
   or: Passengers sit behind the pilot.
   Hinweis: „Dein Platz ist direkt hinter dem Piloten." (Z. 7) Wenn du in deiner Antwort nur "Behind the pilot." schreibst, ist das auch in Ordnung, da wir in der Realität in Gesprächen auch nicht immer vollständige Sätze formulieren.

3. You'll be connected to the pilot over the radio.
   or: You'll be in contact with the pilot over the radio.
   or: You can talk to the pilot via radio.
   or: You'll be connected to the pilot and can ask questions any time.
   Hinweis: „Per Funk bist du während des Rundfluges ständig mit deinem Piloten in Kontakt und kannst somit gerne Fragen stellen." (Z. 15/16)

4. You can see any places nearby.
   or: You can fly to all the places that can be reached within a short time.
   or: You can fly anywhere you can get to in a short time.
   Hinweis: „Die Stadt Hildesheim, die Marienburg oder das Leinetal – alle Ziele sind machbar, wenn sie in kurzer Flugzeit erreichbar sind." (Z. 18/19)

5. Flights don't take place in bad weather (conditions).
   or: Flights are cancelled when the weather is bad.
   or: Flights don't take place when you can't see well or when it's very cold. They don't fly in thunderstorms, rain, storms or hailstorms either.
   or: There aren't any flights when the visibility's poor, when there's a thunderstorm, rain, storm or hailstorm or when it's extremely cold.
   or: They don't fly when it's foggy, rainy or very cold, or when there's a thunderstorm, storm or hailstorm.
   Hinweis: „Flüge finden nicht statt bei schlechten Sichtflugverhältnissen, Gewitter, Regen, Sturm, Hagel oder extremer Kälte." (Z. 20–22) Du kannst die Wetterphänomene einzeln aufzählen oder sie unter „bad weather (conditions)" zusammenfassen.

6. They call you if there are no flights.
   or: They phone you if your flight is cancelled.
   or: You get a call if your flight can't take place.
   Hinweis: „Sollte der Flug nicht stattfinden können, rufen wir dich vorher an." (Z. 22)

7. (You have to take) a windproof jacket, a scarf, and (flat) sturdy shoes / boots / footwear.
   Hinweis: „Du bringst mit: eine winddichte Jacke, einen Schal und flaches, festes Schuhwerk [...]" (Z. 24) Auch hier würde es ausreichen, wenn du nur die Kleidungsstücke aufzählst, die dein Onkel für den Flug braucht, und du keinen ganzen Satz formulierst.

8. I'm sorry, but she can't fly. She's too young.
   or: You have to be at least 15 (years old) (to be allowed to go on this flight).
   or: I'm sorry, but you can't book a flight for Lucy. She'd have to be a year older to be allowed on the Gyrocopter.
   Hinweis: „Voraussetzungen: du bist mindestens 15 Jahre alt [...]" (Z. 26)

IV. Writing

✎ *Hinweis: Im „Writing"-Teil kannst du zwischen zwei Aufgabensets auswählen. Nimm dir ausreichend Zeit, alle Aufgabenstellungen durchzulesen und zu entscheiden, welches Aufgabenset dir besser liegt. Mache dir am besten auf dem Konzeptblatt Notizen oder lege Mindmaps an, bevor du die Texte ausformulierst. Wichtig ist, dass du dir am Ende noch einmal all deine Texte durchliest und sie in inhaltlicher und sprachlicher Hinsicht überprüfst. Kontrolliere, ob du auf alle in der Aufgabenstellung geforderten Aspekte eingegangen bist, und verbessere sprachliche Fehler.*
Bemühe dich, dich in etwa an die vorgegebene Länge der Texte zu halten, um Punktabzug zu vermeiden.

Writing Set 1
Part 1 – An E-Mail: Introducing Your School

✎ *Hinweis: Hier sollst du eine E-Mail in einem Umfang von ungefähr 100 Wörtern schreiben, in der du dem amerikanischen Austauschschüler Phil, der für ein Jahr nach Deutschland kommen wird, deine Schule vorstellst. Du solltest folgende Punkte in deinen Text einarbeiten:*
- *deinen Tages- und Wochenablauf*
- *wichtige Regeln an der Schule*
- *etwas Besonderes über deine Schule*

In diesem Prüfungsteil werden die Punkte für „Sprache und Inhalt" zusammengefasst. Es gibt hier nur ganze Punkte. 10 Punkte – also volle Punktzahl – erhältst du, wenn ein sprachlich überzeugender und inhaltlich stimmiger Text entstanden ist, der alle vorgegebenen Aspekte und keine sprachlichen Fehler enthält, die zu Missverständnissen führen können.

Lösungsvorschlag

Hello Phil,

We're looking forward to having you here as an exchange student.
School is from Monday to Friday and starts at 7:30. Classes are 45 minutes long. We have two short breaks in the morning and a longer one at 1 p.m. There's a cozy cafeteria where we all have lunch.
School usually finishes at 3 p.m. At home, I do my homework first before I meet up with friends or do sports. Our school is really great, because it's an official "sports school" so we have a lot of P.E. classes.
Our teachers are nice, but there are some strict rules, such as to be on time or to be friendly and helpful to everybody.
Do you have any questions? Please ask anytime.

Best wishes,
Tim *(127 words)*

Part 2 – A Blog Entry: Offline for 30 Days

✎ *Hinweis: Hier sollst du einen Blog-Eintrag zum Thema „30 Tage offline" in rund 150 Wörtern schreiben.*
Du solltest auf folgende Aspekte in deinem Text eingehen:

- *was dich dazu bewegt hat, 30 Tage offline zu bleiben,*
- *was dir an der Herausforderung schwer- und was dir daran leichtgefallen ist,*
- *warum du dir (nicht) vorstellen kannst, in Zukunft offline zu bleiben.*

Da der Text etwas umfangreicher ist, wird hier bei der Bewertung zwischen inhaltlicher und sprachlicher Leistung unterschieden. Es gibt insgesamt 15 Punkte; du kannst maximal 7,5 Punkte im inhaltlichen Bereich sowie maximal 7,5 Punkte im sprachlichen Bereich erlangen. Volle Punktzahl erhältst du, wenn die Aufgabe vollständig gelöst wird und alle Aspekte eindeutig, zutreffend sowie sprachlich korrekt formuliert sind. Deine Leserschaft versteht deinen Text folglich problemlos und kann den roten Faden erkennen, der sich durch deinen Text zieht: Wichtig ist also, dass dein Text logisch aufgebaut und klar strukturiert ist. Wiederholungen und Abschweifungen solltest du vermeiden. Versuche auch, im Satzbau zu variieren und auf häufige Wortwiederholungen zu verzichten. Um etwas Positives auszudrücken, könntest du – natürlich abhängig vom Textzusammenhang – neben „great" z. B. auch „happy", „fantastic" oder „awesome" verwenden.
Achte darauf, deinen gesamten Text in der Vergangenheit zu schreiben, da die „challenge" bereits vorbei ist.

Lösungsvorschlag

Offline for 30 days

Two months ago, our teacher challenged us to try to go offline for 30 days.
I didn't think it would be much of a challenge because I don't have much free time anyway and I was really motivated to succeed, but it already started to get difficult on day 2. I did my homework after school ... and then what? I usually chat with my friends. Turns out, I didn't know what to do with myself. It was then that I realized how much time I usually spend online!
The next day, my friends and I met up after school and it was much better than sitting alone at home with a smartphone in my hands. It was much easier to talk to each other without being interrupted by beeping smartphones.
However, I was so happy when the challenge was over. I know I won't be able to stay completely offline in the future, because sending a text or looking up information on the internet is quick and easy, but some things have changed because of the challenge. I sometimes put my phone onto silent mode, for example.
Why don't you try going offline yourself? *(200 words)*

Writing Set II
Part 1 – A Post: Bad Photo

✎ *Hinweis: In dieser Aufgabe sollst du auf einen Eintrag in einem Hilfeforum für Jugendliche antworten. In deinem Post, der ungefähr 100 Wörter umfassen soll, musst du schreiben, wie du die Situation empfindest und ob du direkt oder indirekt eine ähnliche Situation erlebt hast. Abschließend sollst du einen Rat geben, was Charly tun sollte.*
Aufgrund der überschaubaren Textlänge wird hier die Punktzahl für Inhalt und Sprache zusammengefasst. Es gibt insgesamt 10 Punkte. Volle Punktzahl erhältst du, wenn ein inhaltlich stimmiger und detailreicher Text vorliegt, der auch den formalen Anforderungen entspricht und sprachlich korrekt sowie abwechslungsreich formuliert ist. Du sollst in den Schreibaufgaben beweisen, dass du ein breites Spektrum an Wörtern zur Verfügung hast, die Grammatik sicher beherrschst und deine Ideen klar und deutlich formulieren sowie einen logisch aufgebauten, zusammenhängenden Text verfassen kannst.

Lösungsvorschlag

That's so unfair – no true friend would do that!
Last year, something similar happened to my best friend. We were dancing at a party, and when Emma did a crazy dance move, she fell. Someone took a photo of her on the floor and posted it with the comment: "Don't drink and dance, Emma!" Emma hadn't had any alcohol though – it had just been an accident!
If I were you, I would either talk to Kathy's parents so that they make her see reason, or contact the social networking site and ask them to delete the photo, or if that doesn't work, your parents could hire a lawyer.
I hope everything'll work out for you. And good luck with your job hunting!

(122 words)

Part 2 – A Letter: A Letter to the Future

*Hinweis: Du hast einen Wettbewerb in einer englischen Zeitschrift entdeckt und möchtest daran teilnehmen. Die Teilnehmer*innen sollen einen Brief an Menschen in der Zukunft schreiben, der ungefähr 150 Wörter umfasst. Aus allen eingereichten Briefen werden die drei besten Texte ausgewählt und in einer Zeitkapsel verschlossen, die erst in 250 Jahren geöffnet werden soll. Ziel ist es, dass sich die Menschen in der Zukunft ein Bild von unserem heutigen Leben machen können.*
In deinem Brief sollst du:

- *das Leben im Jahr 2019 beschreiben. Du kannst ganz konkret auf deine persönliche Situation eingehen oder aber deinen Text allgemeiner halten.*
- *ein wichtiges globales oder regionales Problem ansprechen und/oder einen gegenwärtigen Trend im Bereich Technologie oder Lifestyle ansprechen.*
- *deine eigene Meinung über das Leben im Jahr 2019 abgeben.*

Die Anrede ist bereits vorgegeben.
Da der Text etwas umfangreicher ist, wird hier bei der Bewertung zwischen inhaltlicher und sprachlicher Leistung unterschieden. Es gibt insgesamt 15 Punkte; du kannst maximal 7,5 Punkte im inhaltlichen Bereich sowie maximal 7,5 Punkte im sprachlichen Bereich erlangen. Volle Punktzahl erhältst du, wenn die Aufgabe vollständig gelöst wird und alle Aspekte eindeutig, zutreffend sowie sprachlich korrekt formuliert sind. Deine Leserschaft versteht deinen Text folglich problemlos und kann den roten Faden erkennen, der sich durch deinen Text zieht: Wichtig ist also, dass dein Text logisch aufgebaut und klar strukturiert ist. Wiederholungen und Abschweifungen solltest du vermeiden. Versuche auch, im Satzbau zu variieren und auf häufige Wortwiederholungen zu verzichten.

Lösungsvorschlag

Dear future people,

It is the year 2019 and I would like to tell you about life in Germany, Europe. My name is Tim, I am 16 and I go to school from Monday to Friday. I have football training twice a week and in my free time I often play computer games. Most teenagers have smartphones or smart watches and are always online. We are "digital natives", but digital media are important for a lot of older people too. Lots of people make appointments and shop online, for example.

I would also like to tell you about the biggest global problem in my opinion: the climate crisis. A lot of young people, especially, have been demonstrating for months for the protection of the environment. They want politicians to take action against global warming – now.

Although there are lots of problems in the world, I like my life as it is in 2019. I hope that my generation can make a difference today and change the world for the better, so that we and generations to come will have a future.

Yours faithfully,
Tim Brandt

(181 words)

I. Listening

Hinweis: In deiner Abschlussprüfung hörst du alle Texte zweimal direkt hintereinander. Bleib ganz entspannt, wenn du beim ersten Hördurchgang noch nicht alle relevanten Details verstanden hast bzw. noch nicht alle Aufgaben lösen konntest. Konzentriere dich einfach beim zweiten Hören genau auf die gefragten Informationen.

Part 1

Hinweis: Im ersten Teil des „listening exam" hörst du ein Beispiel, gefolgt von einem Monolog und vier Dialogen. Deine Aufgabe ist es, das jeweils passende Bild zu den Texten auszuwählen. Lies dir vor dem ersten Hören die Fragen in Ruhe durch und sieh dir auch die Antwortmöglichkeiten an. Achte dann beim Hören auf die gefragten Details.

0. C

   Hinweis: "Hm, maybe something to kill the time at the airport. – Yes. That's a good idea. I'll stop by the newsagent's." (Z. 3–5) Bei "newsagent" handelt es sich um ein Zeitschriftengeschäft.

1. B

   Hinweis: "The drama group gathers in the assembly hall at 4:00 instead of 3:30 [. . .]" (Z. 3)

2. A

   Hinweis: Die Familie teilt sich offensichtlich die Hausarbeit. Da der Junge bereits gekocht und das Mädchen eingekauft hat, ist der Vater für den Abwasch zuständig: "So, Dad, you know who it is! – OK. You won." (Z. 3/4)

3. A

   Hinweis: Du musst hier gut aufpassen, um auf die Lösung zu kommen. Die Frau möchte ein Doppelbett, Zimmer 105 hat aber zwei Einzelbetten. Der Hotelangestellte versucht, der Dame ein anderes Zimmer zu geben, allerdings haben die freien Zimmer 306 und 510 auch Nachteile, sodass die Frau sich letztendlich doch für Zimmer 105 entscheidet, obwohl es nicht ihren Wünschen entspricht (vgl. Z. 1–6).

4. C

✎ Hinweis: "Can you give me a ride? […] – OK then. I can go to the city centre first anyway." (Z. 5–8)

5. B

✎ Hinweis: "How about starting with St Paul's Cathedral or Buckingham Palace? – Alright. Let's head for the palace and make a stop at the cathedral on our way there." (Z. 3–6)

Part 2

✎ Hinweis: Dieser Text ist ein Bewerbungsgespräch zwischen Sandy Burns und Kevin Grant, der sich um eine Stelle als Verkäufer in einem Kleidungsgeschäft bewirbt. In dieser Multiple-Choice-Aufgabe sollst du die richtigen Informationen auswählen, um die Sätze zu vervollständigen.

0. b)

✎ Hinweis: "I'm Kevin Grant." (Z. 2) Im weiteren Verlauf des Gesprächs wird klar, dass Kevin der Bewerber ist.

6. b)

✎ Hinweis: Kevin: "Well, I went to a job fair with a friend of mine and came across your stand. It looked really interesting." (Z. 5/6)

7. c)

✎ Hinweis: Arbeite hier ganz konzentriert, denn alle drei Aspekte werden im Text erwähnt und treffen zu. Allerdings bezieht sich nur Satzende c darauf, was Keving gehört hat: "Also, the people I talked to at the fair only said good things about the working conditions." (Z. 11/12)

8. c)

✎ Hinweis: "[…] but I think I might be a little bit too honest for that. I could never trick anyone into buying something." (Z. 17/18)

9. a)

✎ Hinweis: Um das richtige Satzende herausfinden zu können, musst du wissen, dass „denim trousers" (Z. 24) „Jeans" sind: "Navy blue denim trousers, a white blouse combined with a plain blazer would look nice. Maybe no trainers." (Z. 24/25) Wenn du das Wort „denim" nicht kennst, kannst du hier auch über das Ausschlussverfahren vorgehen, allerdings musst du wissen,

dass „plain“ (Z. 25) „einfach“ bedeutet, und somit genau das Gegenteil von „fancy“ ist.

10. a)
Hinweis: "I sold coffee and traditional clothes to tourists [...]" (Z. 31/32)

11. c)
Hinweis: "But my mother is Polish and raised me bilingually. That's why I'm fairly fluent in that language." (Z. 35–37)

12. a)
Hinweis: "Well, during your probation period, which is three months, you'd earn £ 6 per hour during the week and eight at the weekend." (Z. 40/41)

Part 3

Hinweis: Du rufst bei einem Geschäft an, das Mobiltelefone repariert, doch du erreichst nur den Anrufbeantworter. Höre dir die Nachricht an und ergänze die gefragten Informationen in der Tabelle.

0. Phone Hospital
Hinweis: "You have reached the Phone Hospital." (Z. 1)

13. Mon – Fri 8 a.m – 6 p.m., Sat 10 a.m – 3 p.m.
Hinweis: "Our shop is open from 8:00 to 6:00 on weekdays and from 10:00 to 3:00 on Saturdays." (Z. 2/3)

14. (in the) Metro Shopping Center
Hinweis: "The phone hospital is now located in the Metro Shopping Center." (Z. 5/6)

15. $ 25–149
Hinweis: "Screen repairs range from 25 to 149 dollars depending on your model." (Z. 10) Es werden zwar noch andere Preise genannt, doch diese beziehen sich nicht auf die Reparatur eines Displays. Behalte also immer auch die Aufgabenstellung im Auge.

16. one or two days / a maximum of 48 hours / up to two days / one day for most repairs

Hinweis: "We repair 99 percent of the phones we receive within a day. The repair may take up to 48 hours if the needed parts are not in stock." (Z. 13/14) Auch wenn im Text die Zeitangabe „within a short period of time" vorkommt, so ist diese Angabe zu ungenau.

17. 12 months / yes / included

Hinweis: "All our repairs come with a 12-month warranty, so you have nothing to worry about." (Z. 16/17) Das Nomen „warranty" ist gleichbedeutend mit „guarantee".

18. pick-up and delivery (service)

Hinweis: "If you don't live nearby, you can use our pick-up and delivery service starting at $19 [...]" (Z. 17/18)

Part 4

Hinweis: In dieser Radiosendung wird die mehrsprachige Leyla Skovekolá interviewt. Entscheide, ob die Aussagen zum Text richtig oder falsch sind.

0. true

Hinweis: "[...] good morning to Leyla Skovekolá. She's a polyglot [...]" (Z. 1/2)

19. false

Hinweis: "I don't speak any foreign languages, although I took French at school." (Z. 5/6)

20. false

Hinweis: "I learned [English] outside of school on my own, with my own methods. That's the way I also acquired Spanish, French, German, Arabic, Japanese, Mandarin and Russian." (Z. 9–11)

21. true

Hinweis: "I've always been bored with the textbooks. My favourite book was 'Harry Potter', so I started to read it in English [...] but I kept on reading [...]" (Z. 14–17)

22. false

Hinweis: "If you try to memorise a list of words, for example for a test on the following day, the words will be stored in your short-term memory and you'll forget them after a few days." (Z. 21–23)

23. true

Hinweis: "Find content on YouTube that you are interested in. Or watch a series [. . .]" (Z. 27/28)

24. true

Hinweis: "Listen to a podcast on your way to work while driving or while you're doing your household chores." (Z. 34–36)

II. Reading

Hinweis: In diesem Kapitel wird dein Leseverständnis überprüft. Da du die Möglichkeit hast, dir alle Texte so oft wie nötig durchzulesen, werden genauere Details abgefragt als in den Aufgaben zum Hörverstehen. Teile deine Zeit so ein, dass du am Ende deine Lösungen noch einmal kontrollieren kannst.

Part 1

Hinweis: Dir liegen fünf kurze Texte vor, die inhaltlich nichts miteinander zu tun haben. Zu jedem Text gibt es drei Aussagen. Deine Aufgabe ist es, zu entscheiden, welche der Aussagen richtig ist.

1. c)

Hinweis: Auf dem Schild „If you encounter a mountain lion" ist folgende Textstelle relevant: "Face lion. Back away slowly." Beachte, dass das Wort „face" hier nicht als Nomen, sondern als Verb verwendet wird und „(to) look towards" bedeutet.

2. b)

Hinweis: In der Anzeige „All Service Moving" findest du hier die relevante Information: "MOVING RATES: Less than 50 miles from our local office [. . .] Long distance rates vary"

3. c)
   Hinweis: In der Produktbewertung „Lovely luggage“ hilft dir diese Textstelle: “I ordered this luggage after reading positive reviews about it [...]”

4. b)
   Hinweis: In der Suchanzeige „Romeo and Juliet tickets“ wirst du an folgender Textstelle fündig: “Looking for five tickets but could live with just two!”

5. c)
   Hinweis: Der Text „Underground travel information“ bittet Reisende um Folgendes: “Don’t get on a train if you feel unwell. If you feel unwell while on a train, please get off [...]”

Part 2

Hinweis: Hier sollst du jeder Antwort von Emma Watson eine vorher gestellte Frage zuordnen. Gehe am besten folgendermaßen vor: Lies dir zunächst die Fragen durch und schaue dann, welcher Absatz des Interviews am besten zur Frage passt. Oftmals kannst du dieselben Wörter oder bedeutungsähnliche Ausdrücke in Frage und Antwort finden. Dies kann dir bei der richtigen Zuordnung helfen. Beachte, dass zwei Fragen übrigbleiben, und dass jede Frage nur einmal zugeordnet werden darf.

6. G
   Hinweis: Emma Watson gibt mit dieser Äußerung Antwort auf die Frage, ob sie schon immer wusste, dass sie Schauspielerin werden wollte: “I was not 100 percent sure. I only really knew that [...]” Das Verb „(to) know“ kommt sowohl in der Frage als auch in der Antwort vor und gibt dir einen ersten Anhaltspunkt für die richtige Zuordnung. Das Wort „that“ in “I only really knew that [...]” bezieht sich auf „that you wanted to become an actress“ in der Frage.

7. B
   Hinweis: Auf die Frage, ob sie trotz ihrer Schauspielerfahrung noch Momente hat, in denen sie unsicher (= „insecure“) ist, antwortet Emma Watson: “I was much more experienced than any of the other actors on the set, but I was the most nervous of all of them.”

8. H

Hinweis: Bei der Zuordnung der Frage helfen dir die Wörter „clothes", „dress" und „jeans", die alle dem Wortfeld „fashion", das in der Frage vorkommt, angehören. Auf die Frage "You have been involved with fashion brands. Why have you lost interest in that?" antwortet die Schauspielerin: "I still find clothes very interesting, but I am finding more and more that I don't want to wear a dress and heavy makeup. I want to wear jeans more."

9. A

Hinweis: Diese Antwort passt zu Frage A, denn Emma Watson beschreibt darin, wie ihre Eltern sie in ihrer persönlichen Entwicklung unterstützt haben: "They help me to keep me grounded [...] They were very disciplined [...] they make me take learning and education very seriously." Obwohl in dem Absatz „my parents" nicht ausdrücklich erwähnt werden, ist klar, dass sich das Pronomen „they" auf Emma Watsons Eltern bezieht.

10. E

Hinweis: Emma Watson beantwortet die Frage, was sie zum Lachen bringt und in gute Laune versetzt, folgendermaßen: "For me getting to hang out with my dog makes me smile and in New York I have two cats who are so hilarious [...] And then just being able to see the funny side of life and to laugh at yourself is very important." Die Wörter „smile", „hilarious", „funny" und „laugh" geben dir Aufschluss darüber, dass Frage E zu dieser Antwort passt.

11. C

Hinweis: Auf die Frage, ob es etwas gibt, was sie sich für ihr Leben wünscht (Frage C), antwortet Emma Watson: "I would like to find a way to be content with myself and where I am [...] I would like to find a way to be happy on my own."

Part 3

Hinweis: Dieser Text handelt von der kanadischen Umweltaktivistin Jamie Margolin, die die Organisation „Zero Hour" gegründet hat. Finde zu allen Satzanfängen das jeweils passende Satzende.

12. b)
    ✎ *Hinweis: "[...] mudslides in Colombia, Hurricane Harvey, Hurricane Maria and, closer to home, 'the thick smog that covered Seattle thanks to stronger-than-usual wildfires in Canada.'" (Z. 2–6)*

13. a)
    ✎ *Hinweis: "'It was already in the back of my mind to start a youth mobilisation movement,' she says. [...] Jamie founded Zero Hour, a youth organisation mobilising around the climate crisis." (Z. 8–12)*

14. c)
    ✎ *Hinweis: "'It took hours and hours every day of slow but gradual movement building, and it still does.'" (Z. 15/16)*

15. c)
    ✎ *Hinweis: "The core 25 members [...] want to influence politicians in giving up on fossil fuels [...]" (Z. 18/19) Pass auf, dass du das Nomen „march", das hier „Demonstration" bedeutet, nicht mit dem Monat „March" verwechselst.*

16. a)
    ✎ *Hinweis: "It's about people's lives and kids and futures." (Z. 22)*

17. c)
    ✎ *Hinweis: "Jamie calls climate change the 'most urgent issue of our time', as it will affect young people's future and will disadvantage people, especially in poorer regions [...] 'But my generation is inheriting a totally uninhabitable planet. [...]'" (Z. 25–30)*

Part 4

✎ *Hinweis: In diesem Text geht es darum, wie sich die Verschmutzung der Meere auf die Meeresbewohner auswirkt. Denke daran, dass du nicht nur „true" oder „false" ankreuzen sollst, sondern auch die richtigen Zeilen angeben musst, in denen die relevante Information zu finden ist. Nur wenn die Zeilenangaben stimmen, gibt es jeweils einen Punkt.*

0. true – lines 1/2
   ✎ *Hinweis: "A young whale that washed up in the Philippines died from 40 kg of plastic bags in its stomach."*

18. false – lines 2–4 **or** line 4
Hinweis: "Marine biologists and volunteers [...] were shocked to discover the brutal cause of death for the young whale."

19. true – lines 5–7
Hinweis: "After conducting an autopsy, the museum stated on their Facebook page that they had uncovered '40 kilos of plastic bags [...]' in the whale's stomach."

20. false – lines 11/12 **or** line 12
Hinweis: "The D' Bone Collector Museum biologists who conducted the autopsy said it was 'the most plastic we have ever seen in a whale.'"

21. false – lines 13/14
Hinweis: "Action must be taken by the government against those who continue to treat the waterways and oceans as dumpsters." Es wird also gefordert, dass die Regierung gegen Umweltsünder vorgehen soll, die den Müll im Meer abladen.

22. true – lines 15–18
Hinweis: "The use of single-use plastic is especially excessive in south-east Asia [...] countries like Indonesia, the Philippines, Thailand, and Vietnam have been dumping more plastic into the ocean than most other nations."

23. false – lines 24–26
Hinweis: "Marine biologists estimate around 300 marine animals [...] are killed by plastic each year in Thai waters." Die Zahl bezieht sich somit nur auf eine kleine Region der Weltmeere.

III. Mediating

Hinweis: Beim „Mediating" sollst du nicht wortwörtlich übersetzen, sondern die gefragten Informationen in die andere Sprache sinngemäß und verständlich übertragen. Wichtig ist, dass dein Gegenüber versteht, was du sagst, sodass er oder sie darauf angemessen reagieren kann. Da es sich hier um ein Gespräch mit deiner neuen Mitschülerin handelt, kannst du auch umgangssprachlich formulieren. Für jede inhaltlich richtige sowie verständliche Information/Aussage bekommst du einen ganzen Punkt. Halbe Punkte werden nicht vergeben.

Lösungsvorschläge

1. In the community centre on every first Saturday of the month from 2 to 5.
   or: The repair café is once a month. It takes place in our community centre on the first Saturday of each month between 2 and 5 p.m.
   Hinweis: vgl. Z. 1–3

2. No, unfortunately not.
   or: No, I'm afraid not.
   or: No, you won't.
   or: No, (because) it's charity work.
   Hinweis: vgl. Z. 3/4

3. No, that's not necessary. The repair café buys tools with the money from donations.
   Hinweis: Die Antwort findest du relativ weit unten im Text (vgl. Z. 21/22). Lass dich nicht verunsichern, wenn du eine Textstelle nicht auf Anhieb findest, sondern suche den Text in Ruhe nach der relevanten Information ab.

4. You would show the guests how to repair their bikes themselves.
   or: You would instruct the visitors how to fix their bikes themselves.
   or: You would help the guests repair their bikes themselves.
   or: You would support the visitors in repairing their bikes themselves.
   Hinweis: Um diese Antwort zu finden, musst du wieder weiter oben im Text suchen (vgl. Z. 15/16).

5. No need to worry. Repairs are not guaranteed and can't be expected.
   or: As repairs aren't guaranteed, there's no problem if you can't help someone.
   Hinweis: vgl. Z. 17

6. You have to contact them beforehand via / by e-mail.
   or: No, you can't. You should write them an e-mail in advance.
   *Hinweis: Freiwillige Helfer*innen sollen vorab Kontakt mit dem Repair Café aufnehmen. Da keine Telefonnummer angegeben ist, können interessierte Personen nur per Mail Kontakt mit dem Verein aufnehmen (vgl. Z. 25–28).*

7./8. Liebes Repair-Café-Team,

meine neue Mitschülerin Evin aus Syrien hat mich gebeten, bei Ihnen nachzufragen, ob Sie jemanden brauchen können, der Fahrräder reparieren kann. Außerdem möchte Evin gerne wissen, ob ihre noch geringen Deutschkenntnisse ein Problem wären. Sie spricht aber gut Englisch.
Wir würden uns freuen, von Ihnen zu hören.

Viele Grüße und herzlichen Dank,
(dein Vor- und Nachname)

IV. Writing

✎ *Hinweis: Im „Writing"-Teil kannst du zwischen zwei Aufgabensets auswählen. Nimm dir ausreichend Zeit, alle Aufgabenstellungen durchzulesen und zu entscheiden, welches Aufgabenset dir besser liegt. Mache dir am besten auf dem Konzeptblatt Notizen oder lege Mindmaps an, bevor du die Texte ausformulierst. Wichtig ist, dass du dir am Ende noch einmal all deine Texte durchliest und sie in inhaltlicher und sprachlicher Hinsicht überprüfst. Kontrolliere, ob du auf alle in der Aufgabenstellung geforderten Aspekte eingegangen bist, und verbessere sprachliche Fehler. Bemühe dich, dich in etwa an die vorgegebene Länge der Texte zu halten, um Punktabzug zu vermeiden.*

Writing Set 1
Part 1 – A review: Bad restaurant

✎ *Hinweis: Hier sollst du eine Online-Bewertung über ein Restaurant in ungefähr 100 Wörtern schreiben. Folgende Punkte musst du in deinen Text einarbeiten:*
- *wann und was du dort gegessen hast*
- *eine Beschreibung des vorgefundenen Zustandes des Restaurants und des servierten Essens*
- *eine Begründung für die Anzahl der Sterne, mit der du das Restaurant bewertet hast*

Inhalt und sprachliche Leistung werden hier zusammengefasst. Es gibt insgesamt 10 Punkte. Halbe Punkte werden nicht vergeben. Volle Punktzahl erhältst du, wenn du alle inhaltlichen Punkte berücksichtigt hast und der Text sprachlich überzeugend, angemessen und klar strukturiert ist. Versuche, unter Beweis zu stellen, dass du einen vielseitigen Wortschatz hast, und bemühe dich, auch Abwechslung in deinen Satzbau zu bringen.

Lösungsvorschlag

Last Saturday, my friend and I tried out this restaurant and were terribly disappointed: the furniture was old, and everything was rather dirty. Ignoring this warning sign, we ordered a salad as a starter, and the burger and the fish and chips as the main course. When the salad finally arrived after 50 minutes, it wasn't fresh, and disgustingly, mine had a hair in it. Both main dishes were greasy and cold, and the food was very expensive. When we complained, the waiter was extremely unfriendly.
I can only give one star because of the low quality of the food, the high prices and the terrible service.

Marie, Hanover (Germany) *(110 words)*

Part 2 – A Diary Entry: To Your Future Self

Hinweis: In diesem Tagebucheintrag sollst du dich mit deinem Leben und der Welt in 10 Jahren auseinandersetzen.
Dein Text sollte rund 150 Wörter umfassen und folgende Aspekte beinhalten:

- *welche Hoffnungen und Träume du für deine Zukunft hast (z. B. deine Wohnsituation, deine Familie, dein Job …)*
- *welche Ziele du gern erreichen möchtest*
- *wie du dir die Welt in 10 Jahren vorstellst*

Hier wird bei der Beurteilung deines Textes zwischen der inhaltlichen und der sprachlichen Leistung unterschieden. Du kannst insgesamt maximal 15 Punkte erreichen, wobei bis zu 7,5 Punkte für den Inhalt und bis zu 7,5 Punkte für die sprachliche Leistung vergeben werden. Achte darauf, dass du alle Vorgaben der Aufgabenstellung erfüllst, deinen Text logisch aufbaust und Wiederholungen und Abschweifungen vermeidest.

Lösungsvorschlag

Dear future me,

In ten years, I'll be 26 and hopefully, I'll be healthy and happy. As I want to work in the medical field, I'll be working in a hospital as a nurse, but after gaining enough work experience, I'd like to continue my education and study medicine. It's my dream job to be a doctor!
I'll be living in a big house with a beautiful garden, together with my future husband, our two children and our dog named Luke.
It'll be interesting to see how the world will change within the next ten years. I'm convinced that the world will be much more technical and that there'll be a lot of robots around us to help us in our daily lives. It'll be fantastic to have a robot to do the household chores!
I also hope that the world will be a better and friendlier place to live in – for everybody. I strongly hope that people will take responsibility for their actions and protect the environment. *(165 words)*

Writing Set II
Part 1 – An E-Mail: Shared Flat for Work and Travel

Hinweis: Hier sollst du auf eine Zimmeranzeige in rund 100 Wörtern reagieren. Folgende Punkte musst du in deiner E-Mail ansprechen:

- *wer du bist und warum du in die WG einziehen möchtest*
- *was du zur Wohngemeinschaft beitragen kannst*
- *Fragen, die du zur Wohnung hast*

Inhalt und sprachliche Leistung werden hier zusammengefasst. Es gibt insgesamt 10 Punkte. Halbe Punkte werden nicht vergeben. Volle Punktzahl erhältst du, wenn du alle inhaltlichen Punkte berücksichtigt hast und der Text sprachlich überzeugend, angemessen und klar strukturiert ist. Versuche, unter Beweis zu stellen, dass du einen vielseitigen Wortschatz hast, und bemühe dich, auch Abwechslung in deinen Satzbau zu bringen.

Lösungsvorschlag

To: shared_flat@students-barcelona.es
Subject: Shared flat – your new flatmate ☺

Hello everyone,

My name's Lisa and I'm 16 years old. I'm from Germany and I'm looking for a shared flat for four months, which I'll be spending in Barcelona on a project. As I'll be new to the city, it would be great to have some friends to live with.
I'm a good cook and I don't mind doing household chores. I really enjoy doing the washing-up – no joke, it helps me relax ☺
I've got two questions about the flat: does it have a balcony or a terrace? And do you guys have a living room?
I'm looking forward to hearing from you!

Yours,
Lisa (Weber) *(105 words)*

Part 2 – An Article: Stay at Home – Online Distance Learning

✎ *Hinweis: Hier sollst du einen Artikel zum Thema „Online-Fernunterricht" in ungefähr 150 Wörtern schreiben, mit dem du an einem Schreibwettbewerb einer Zeitschrift für Jugendliche teilnimmst. Beginne deinen Text mit einer passenden Überschrift und arbeite folgende Aspekte in deinen Artikel ein:*

- *Vor- und Nachteile dieser Art des Lernens*
- *ob Lernen über Videokonferenzen an deiner Schule möglich und sinnvoll wäre*
- *deine eigene Meinung zum Thema*

Hier wird bei der Beurteilung deines Textes zwischen der inhaltlichen und der sprachlichen Leistung unterschieden. Du kannst insgesamt maximal 15 Punkte erreichen, wobei bis zu 7,5 Punkte für den Inhalt und bis zu 7,5 Punkte für die sprachliche Leistung vergeben werden. Achte darauf, dass du alle Vorgaben der Aufgabenstellung erfüllst, deinen Text logisch aufbaust und Wiederholungen und Abschweifungen vermeidest. Achte auch auf eine angemessene Sprache.

Lösungsvorschlag

<u>Advantages and disadvantages of online distance learning</u>

In the last few months, students have had to stay at home from school because of the corona pandemic and many of them have had experiences with online learning.

One of the advantages of this kind of learning is that you can study at home, where most students feel comfortable. You also save time because you do not have to travel to and from school.
On the other hand, not all students have the necessary equipment to take part in online lessons. Sometimes, the WiFi connection breaks and consequently, students miss parts of their lessons.
At my school, studying via video conference is possible. I believe that these lessons are useful, but students should not be asked to sit in front of a screen the entire school day.
All in all, online distance learning is a good method to use in an emergency situation, but I believe that students learn more effectively in a classroom setting. *(163 words)*

I. Listening

Hinweis: In deiner Abschlussprüfung hörst du alle Texte zweimal direkt hintereinander. Bleib ganz entspannt, wenn du beim ersten Hördurchgang noch nicht alle relevanten Details verstanden hast bzw. noch nicht alle Aufgaben lösen konntest. Konzentriere dich einfach beim zweiten Hören auf die gefragten Informationen.

Part 1

Hinweis: Im ersten Teil des „listening exam" hörst du ein Beispiel, gefolgt von sieben weiteren kurzen Texten. Deine Aufgabe ist es, aus drei Antwortmöglichkeiten das jeweils passende Bild zu den Texten auszuwählen. Lies dir vor dem ersten Hören die Fragen in Ruhe durch und sieh dir auch die Bilder an.

0. C

   Hinweis: "Hm, maybe something to kill the time at the airport. – Yes. That's a good idea. I'll stop by the newsagent's." (Z. 3–5)
   Bei „newsagent" handelt es sich um ein Zeitschriftengeschäft.

1. B

   Hinweis: Du musst genau zuhören, denn alle drei Straßen werden genannt, jedoch gibt es nur auf einer Straße keine Behinderungen in Richtung London: "Our advice is to get off at junction five and take the A41." (Z. 4)

2. A

   Hinweis: Obwohl die Dame ursprünglich ein anderes Gericht bestellen wollte, entscheidet sie sich letztendlich für die Empfehlung des Kellners ("Let me tell you, the ribeye steak is awesome.", Z. 1/2) und nimmt ein Steak: "I think I'm going for your recommendation." (Z. 5)

3. C

   Hinweis: "Well, with 'Cal-Export', you can print your calendar so that you put it on your wall […] – […] That's what I was thinking of." (Z. 6–8)

4. C

   Hinweis: Eine Schiffsreise kommt nicht infrage, weil die Frau seekrank wird. Nach dem Witz des Mannes, dass sie mit einer Rakete reisen könnten, stimmt er einer Flugreise zu: "All right, then. But I'll tell the pilot to try and fly as fast as one." (Z. 7)

5. C

   ✎ *Hinweis: Um auf die richtige Lösung zu kommen, helfen dir in diesem Fall die Hintergrundgeräusche. Darüber hinaus kannst du auch über das Ausschlussverfahren vorgehen: Als die Kundin mit Bargeld bezahlen möchte, antwortet der Verkäufer: "I'm sorry, we're cash free." (Z. 3) Da sie jedoch ihre Karte vergessen hat ("Shoot, I don't have a card with me.", Z. 4), bleibt nur Wahlmöglichkeit C übrig – die Bezahlung per Handy-App.*

6. B

   ✎ *Hinweis: Die Kundin braucht eine Briefmarke für eine Postkarte nach Deutschland. Somit ist B die richtige Lösung: "75 [is] for <u>international</u> postcards [. . .]" (Z. 4)*

7. C

   ✎ *Hinweis: Am Ende des Gesprächs sagt der Junge, was er wirklich gerne mit seiner Familie unternehmen möchte: "It's the last chance to see* In the Dark Light *on the big screen. So we don't actually have a choice, Mom." (Z. 7/8) Der Ausdruck „on the big screen" bedeutet „im Kino". Wahlmöglichkeit C ist somit richtig.*

Part 2

✎ *Hinweis: Du hörst ein Gespräch zwischen dem wohnungssuchenden Peter Schmidt und einer Immobilienmaklerin. Wähle das jeweils richtige Satzende aus.*

8. c)

   ✎ *Hinweis: Gleich zu Beginn des Gesprächs erfährst du, dass es sich um eine offene und voll ausgestattete Küche auf dem technisch neuesten Stand handelt: "This is the spacious living area with a modern open kitchen to our left. It has all the latest appliances." (Z. 3–5)*

9. b)

   ✎ *Hinweis: Die Wohnung ist möbliert, technische Geräte sind allerdings nicht vorhanden. Wenn Peter die Wohnung bekommt, kann er sein Sofa jedoch mitbringen: "If you want to bring your own couch, you'd have to store this one away." (Z. 10)*

10. c)

Hinweis: "And over there is a laundry room for your clothes. It has a dryer, too." (Z. 17/18) Das Nomen „laundry" bedeutet „Wäsche". Solltest du es nicht kennen, helfen dir aber die Wörter „clothes" und „dryer" („Wäschetrockner") weiter, um die richtige Lösung zu finden.

11. b)

Hinweis: Die Miete muss monatlich gezahlt werden, enthält aber keine Nebenkosten: "You pay [the rent] at the beginning of the month. Then there are the additional costs for maintenance, electricity and so on. [...] Internet and cable are not included." (Z. 20–23)

12. a)

*Hinweis: Peter scheint nicht der einzige Bewerber für die Wohnung zu sein, sodass der Vermieter („landlord") den neuen Mieter oder die neue Mieterin („tenant") aus der Gruppe der Bewerber*innen auswählen kann: "The landlord wants to choose his new tenant in about two weeks [...]" (Z. 25/26) Der Einzug ist erst zu einem späteren Zeitpunkt möglich.*

13. c)

Hinweis: "[...] please make sure to get your form to our office by Friday." (Z. 31) Die Zeitangabe „by Friday" bedeutet „bis spätestens Freitag". Das Bewerbungsformular muss somit vor dem Wochenende eingegangen sein.

Part 3

Hinweis: Du sollst hier eine Tabelle mit Informationen aus dem Hörtext ergänzen. Rechtschreibfehler werden nicht gewertet, solange die Bedeutung eines Wortes eindeutig erkennbar ist und keine Missverständnisse aufkommen können.

0. Power Skates

Hinweis: In der Werbeanzeige fällt der Name des Produkts an zahlreichen Stellen, wie z. B. hier:"Then this dream is about to come true with Power Skates [...]" (Z. 2/3).

14. (a) (rechargeable) battery / electricity

Hinweis: "Power Skates are skates powered by a rechargeable battery." (Z. 4) Dass es sich bei der Batterie um eine wiederaufladbare Batterie handelt, muss nicht unbedingt erwähnt werden.

15. up to 6 / six miles
Hinweis: Um hier auf die Lösung zu kommen, musst du wissen, dass sich „range" auf die Reichweite bezieht, die die Power Skates mit einer voll aufgeladenen Batterie haben: "You can go up to six miles on a single charge." (Z. 7/8)

16. (by) app / (video) tutorial / with the help of a (video) tutorial (on the app)
Hinweis: "Our free app offers a great video tutorial for you to learn how to ride your Power Skates safely." (Z. 9–11)

17. 15 miles an hour / mph
Hinweis: "[...] you are able to go full speed at 15 miles an hour." (Z. 12/13)

18. remote control / controller
Hinweis: "Your [...] Power Skates come [...] with a super precise remote control. That's what you use to control your Power Skates: speed and light." (Z. 14–16)

19. 349 dollars / $ 349
Hinweis: "You'll get your Power Skates for only 349 dollars." (Z. 21/22)

20. safeandfun21 / safe and fun 21
Hinweis: Der Ausdruck „coupon code" aus der Aufgabenstellung bedeutet dasselbe wie „voucher code" im Text: "The voucher code is 'safeandfun21'. I'll say it again: 'safeandfun21'". (Z. 23) Solche Gutscheincodes enthalten in der Regel keine Leerzeichen. Um den Punkt zu bekommen, ist es aber egal, ob du die Wörter zusammen- oder auseinanderschreibst.

Part 4

✎ *Hinweis: In dieser Radiosendung wird der amerikanische Schüler Noah Clarkson interviewt. Entscheide, ob die Aussagen zum Text richtig oder falsch sind.*

0. false
   ✎ *Hinweis: Emily Sanders ist die Radiomoderatorin, die Noah Clarkson interviewt, der gerade ein Austauschjahr in Deutschland verbracht hat (vgl. Z. 1–3).*

21. false
   ✎ *Hinweis: Noahs Urgroßvater stammt zwar aus Deutschland, ist aber in die USA ausgewandert: "I decided to go to Germany because my great-grandfather immigrated from there." (Z. 7/8) Diese Aussage ist somit falsch.*

22. false
   ✎ *Hinweis: Genau das Gegenteil ist der Fall: "I love public transportation there." (Z. 11)*

23. true
   ✎ *Hinweis: Noah ist begeistert, dass man von Deutschland aus schnell in andere europäische Länder reisen kann: "You hop on a plane or train and within a few hours you're in another great place in Europe. I <u>went to Lisbon</u> in two and a half hours or so." (Z. 20–22) Lissabon, die Hauptstadt Portugals, heißt auf Englisch „Lisbon".*

24. true
   ✎ *Hinweis: Noah findet das deutsche Essen „superb" (Z. 25): "Here in America, the food is so oily and has chemicals in it, I think. In Germany, I eat and I feel fit afterwards." (Z. 27/28) Amerikanisches Essen ist also seiner Meinung nach weniger gesund.*

25. true
   ✎ *Hinweis: Noah hat den Eindruck gewonnen, dass viele Deutsche zuerst einmal zurückhaltend (= „reserved") zu sein scheinen: "Germans seem kind of cold at first. But once you get past that first wall of cold [...] " (Z. 32/33)*

26. false
   ✎ *Hinweis: Noah bekommt Besuch aus Deutschland: "[...] my host brother and a friend are coming to visit me over summer." (Z. 38/39)*

II. Reading

Hinweis: In diesem Prüfungsteil wird dein Leseverständnis überprüft. Da du hier die Möglichkeit hast, die Texte so oft wie nötig durchzulesen, werden genauere Details abgefragt als in den Aufgaben zum Hörverstehen. Es ist hilfreich, wenn du relevante Textstellen farbig markierst, um später direkt darauf zurückzukommen.

Part 1

Hinweis: Dir liegen vier kurze Texte vor, die inhaltlich nichts miteinander zu tun haben. Zu jedem Text gibt es mindestens eine Aussage. Deine Aufgabe ist es, zu entscheiden, ob die Aussagen richtig oder falsch sind. Beachte, dass die Aussagen nicht der Reihenfolge der Texte entsprechen. Arbeite deshalb ganz konzentriert und lies die Texte und Aussagen besonders aufmerksam durch.

1. false
   Hinweis: George hat unter der Woche nur nachmittags Zeit: "Weekdays from 5–7 pm" (Text 3)

2. false
   Hinweis: "Experience and qualifications favored, but not needed." (Text 1)

3. true
   Hinweis: Der Ausdruck „(to) read music" in der Aufgabenstellung bedeutet „Noten lesen". Eine Person, die sich mit Musiktheorie auskennt, kann auch Noten lesen. Somit ist die Fähigkeit, Noten lesen zu können, eine Voraussetzung dafür, um in die Band aufgenommen zu werden: "Understanding of music theory required." (Text 4)

4. true
   Hinweis: "Our letter box is still cleared daily." (Text 2)

5. true
   Hinweis: Die Bandproben finden einmal wöchentlich statt: "Rehearsals: Every Wednesday at 9 pm [...]" (Text 4)

6. false
   *Hinweis: Die Bezahlung hängt von der Qualifikation der Bewerber*innen ab: "Pay: up to $ 30 per hour depending on qualifications" (Text 1)*

Part 2

Hinweis: In diesem Interview mit der Umweltaktivistin Charlene Rocha sind die Fragen und Antworten durcheinandergeraten. Deine Aufgabe ist es, zu den Fragen die jeweils passende Antwort zu finden. Beachte, dass es zu einer Frage keine passende Antwort gibt.
Gehe am besten folgendermaßen vor: Lies dir zuerst die Fragen A–H aufmerksam durch und markiere Schlüsselwörter. Lies dann die Textabschnitte 7–13 und überlege, welcher Absatz am besten zur jeweiligen Frage passt. Kannst du Schlüsselwörter aus den Fragen in den Antworten wiederfinden? Wörter, die sowohl in der Frage als auch in einem der Textabschnitte vorkommen, können ein Hinweis darauf sein, dass du eine richtige Paarung gefunden hast. Bedenke, dass auch Synonyme, also Wörter mit einer ähnlichen Bedeutung, verwendet werden können. Du solltest am Ende jedoch alle Zuordnungen noch einmal überprüfen und dich nicht ausschließlich auf Schlüsselwörter verlassen.

7. D

   Hinweis: In dieser Antwort geht es um die vielen weiteren Aspekte, die die Arbeit von Charlene Rocha als Aktivistin umfasst: "There are so many more components to it [...]. We held a protest [...] but behind-the-scenes there were many more hours of emailing, discussions, writing and researching!"
   → Question D: Besides protests and giving speeches, what else is there to activism?

8. C

   Hinweis: Das Schlüsselwort, das sowohl in der Frage als auch in der Antwort vorkommt, ist „first". Darüber hinaus wird sowohl in der Antwort als auch in der Frage „simple past" verwendet. Du siehst also, dass du auf diese Weise die Zahl der möglichen Zuordnungen bereits eingrenzen kannst: "The first time I learned about it was through a speaker that came to my school."
   → Question C: When did you first become aware of environmental activism?

9. E

   Hinweis: In der Antwort werden zahlreiche Beispiele gegeben, wie sich Charlene in ihrer Freizeit entspannt: "I go on hikes with my friends, rollerblade with my sister, take my dog for long walks, and swim at the beach."
   → Question E: What do you do to relax and wind down?

10. H

✎ *Hinweis: Das Verb zu Beginn der Antwort („Find") steht in der Befehlsform. Du siehst also, dass Charlene jemanden auffordert, etwas zu tun. Darüber hinaus kommt in der Antwort der Ausdruck „a great way" vor, der eine ähnliche Bedeutung hat wie „great (first) step" in der Frage: "Find a cause that you are passionate about and research it! […] Whether it's reading a book, or listening to the news, knowing about these issues is a great way to get involved […]"*
→ Question H: What is a great first step for kids to make activism a part of their lives?

11. A

✎ *Hinweis: In dieser Antwort geht es um die Gefühle, die Charlene hatte, als sie im Alter von 13 Jahren auf einer* FridaysForFuture*-Veranstaltung eine Rede hielt. Der Ausdruck „rush of emotions" passt somit zur Frage „What did it feel like […]?". Auch das Nomen „speech" in der Antwort und das Verb aus derselben Wortfamilie in der Frage („speaking") passen zusammen.*
→ Question A: What did it feel like speaking at a FridaysForFuture *event when you were 13?*

12. B

✎ *Hinweis: Auch hier kommen noch einmal „speeches" in der Antwort und „speaking" in der Frage vor. Du siehst also, dass du dich bei der Zuordnung nicht ausschließlich auf Schlüsselwörter verlassen darfst, sie sind aber dennoch ein guter Hinweis darauf, welche Abschnitte passen können. Im Gegensatz zu Frage A ist Frage B im „simple present" gestellt und das Verb „handle" kommt wortwörtlich sowohl in der Frage als auch in der Antwort vor: "Sometimes I get nervous, forget what to say, and make mistakes. […] The way that I've learned to handle speeches is by reminding myself that it's just a speech."*
→ Question B: How do you handle speaking in front of a large crowd?

13. F

✎ *Hinweis: Das Verb „(to) fight for" kommt sowohl in der Frage als auch in der Antwort vor: "Everything is connected. […] in addressing one issue, you are fighting for another one as well."*
→ Question F: Why do you fight for so *many things at once?*

Part 3

Hinweis: Dieser Text handelt vom erhöhten Schlafbedarf von Teenagern. Finde zu allen Satzanfängen das jeweils passende Satzende.

14. b)

Hinweis: "As puberty begins, bedtimes and waking times get later." (Z. 1/2)

15. c)

Hinweis: "This means that for a teenager, a 7 am alarm call is the equivalent of a 5 am start for a person in their 50s." (Z. 5/6)

16. b)

Hinweis: Im Text steht nicht, wann die Eltern der Teenager zu Bett gehen und dass die Jugendlichen von ihren Smartphones geweckt werden. Der Grund, warum junge Menschen oft zu wenig schlafen, ist vielmehr, dass ihnen ausreichender Schlaf unwichtig erscheint: "[...] a general disregard for the importance of sleep [...]" (Z. 8/9) Das Nomen „disregard" bedeutet „Missachtung" oder „Gleichgültigkeit".

17. a)

Hinweis: "Sleep scientists have shown that teenagers need about nine hours a night to maintain full alertness and academic performance." (Z. 13/14)

18. b)

*Hinweis: Einige amerikanische Schulen haben den morgendlichen Schulbeginn auf eine spätere Uhrzeit gelegt mit der Folge, dass sich neben den besseren Leistungen auch die Anwesenheit der Schüler*innen erhöht hat: "An analysis found that academic performance was enhanced, as was attendance." (Z. 19/20)*

19. b)

Hinweis: "Ensure the bedroom is a place that promotes sleep – dark and not warm – don't look at electric screens for at least half an hour before trying to sleep and avoid bright lights." (Z. 27–29) Da sich das von Bildschirmen ausgestrahlte Licht negativ auf den Schlaf auswirkt, sollte man vor dem Einschlafen z. B. nicht mehr auf das Smartphone schauen.

Part 4

Hinweis: Denke bei diesem Aufgabenformat daran, auch die richtigen Zeilenangaben aufzuschreiben. Nur wenn die Zeilenangaben stimmen, erhältst du jeweils den Punkt.

0. true – line 1
   Hinweis: "Sprinter Dutee Chand is India's national champion [...]"

20. false – lines 1–3 **or** lines 2/3
   Hinweis: "Sprinter Dutee Chand [...] became only the <u>third Indian woman</u> to qualify for the women's Olympic 100 m."

21. true – line 9
   Hinweis: "I train six times a day."

22. false – lines 10/11
   Hinweis: "Last year, Dutee clocked her career-best time at 11.22 seconds."

23. false – line 12
   Hinweis: "[...] her sister [...] was a state-level runner."

24. true – lines 15–17
   Hinweis: "I had no running shoes and no money to buy any. [...] So I started running alone in my village, barefoot [...]"

25. true – lines 22–24
   Hinweis: "Then, in 2014, she was accused of doping because the level of male hormones in her blood was higher than normal. Therefore, she was excluded from participating in the Commonwealth Games."

26. true – lines 29–31
   Hinweis: "But her biggest success so far came in 2018 during the Asian Games when Dutee won two silver medals in the 100 and 200 meters."

III. Writing

✎ *Hinweis: Im „Writing"-Teil kannst du zwischen zwei Aufgabensets auswählen. Nimm dir ausreichend Zeit, alle Aufgabenstellungen durchzulesen und zu entscheiden, welches Aufgabenset dir besser liegt. Mache dir am besten auf dem Konzeptblatt Notizen oder lege Mindmaps an, bevor du die Texte ausformulierst. Wichtig ist, dass du dir am Ende deine Texte noch einmal durchliest und sie in inhaltlicher und sprachlicher Hinsicht überprüfst. Kontrolliere, ob du auf alle in der Aufgabenstellung geforderten Aspekte eingegangen bist, und verbessere sprachliche Fehler. Halte dich in etwa an die vorgegebene Länge der Texte, um Punktabzug zu vermeiden.*

Writing – Set I
Part 1 – Feedback: London City Tour

✎ *Hinweis: Du hast an einer Stadtführung in London teilgenommen und die Führung anschließend online bewertet.*
Schreibe rund 80 Wörter und verwende am besten konkrete Beispiele, um deine Bewertung so anschaulich wie möglich zu machen. Arbeite folgende Punkte in deinen Text ein und berücksichtige dabei die Anzahl der vergebenen Sterne:
- *hohes Maß an Freundlichkeit des Stadtführers oder der Stadtführerin (4 von 4 Sternen)*
- *recht hoher Unterhaltungswert der Führung (3 von 4 Sternen)*
- *Vermittlung interessanter Informationen (4 von 4 Sternen)*
- *mäßige Auswahl an Sehenswürdigkeiten (2 von 4 Sternen)*
- *recht zufriedener Gesamteindruck (3 von 4 Sternen)*

Es gibt insgesamt 10 Punkte. Halbe Punkte werden nicht vergeben.

Lösungsvorschlag

I took part in the "London City Tour" on a red double-decker bus. The tour guide was very friendly and super funny, so the tour was quite entertaining. We were also given tonnes of interesting information about the history of the sights we saw. However, we only went to the Tower of London, Buckingham Palace and St Paul's Cathedral, so I would have appreciated to be shown more. All in all, I can recommend this tour if it's your first time in London.

Marie from Hanover, Germany *(87 words)*

Part 2 – An E-Mail: International School Competition

✎ *Hinweis: Hier verfasst du eine E-Mail im Umfang von rund 150 Wörtern. Du sollst an die Organisation Schools United schreiben und diese überzeugen, wie du mit einem Preisgeld von 50.000 $ deine Schule verbessern würdest.*
Folgende Punkte sollst du in deinem Text erwähnen:
- *eine kurze Vorstellung deiner Schule*
- *was verbessert werden soll*
- *wofür du das Geld ausgeben würdest*

Hier wird bei der Beurteilung deines Textes zwischen Inhalt und Sprache unterschieden. Du kannst maximal 9 Punkte im inhaltlichen Bereich und 9 Punkte für die sprachliche Leistung erlangen.

Lösungsvorschlag

To: competition@schoolsunited.com
Subject: $ 50,000 for my school

Dear Schools United,

I go to the "Goethe-Schulzentrum" in Germany. There are about 1,000 students and 120 teachers at my school. Although it is a big school, our school family is close-knit and students and teachers like studying and working there. However, the building is from the 1960s, so the facilities are very old and in desperate need of repair. The restrooms in particular should be renovated!
Apart from that, we would need money to update our gymnasium and some of the classrooms. I believe that being able to learn in a more modern environment with up-to-date technical equipment would lead to more motivation.
If we won the competition, I would also like to make our schoolyard greener: we could plant flowers and trees, and even put some benches below the trees to sit on during breaks or outdoor lessons.
Your prize money would help us a lot to improve our school and we would be very grateful if we won.

Best regards,
Mark Müller (Goethe-Schulzentrum, Germany) *(164 words)*

Writing – Set II

Part 1 – A Report: Stolen Bike

Hinweis: Hier sollst du einen kurzen Bericht für die Polizei verfassen, da dein Fahrrad gestohlen wurde. Achte also auf eine sachliche und neutrale Sprache. Folgende Punkte sollst du in deinem Text berücksichtigen:

- *wo und wann du dein Fahrrad abgestellt hast*
- *eine detaillierte Beschreibung deines Fahrrads*
- *ob dein Fahrrad registriert und abgeschlossen war*

Es gibt insgesamt 10 Punkte. Halbe Punkte werden nicht vergeben.

Lösungsvorschlag

My racing bike was stolen last Saturday morning, 2nd September. I had parked it at around 11 a.m. at the train station near the main entrance.
My bike has a dark blue frame with light blue stripes and white wheels. It's got a big aluminium bell with my initials engraved on it.
As I only bought it two weeks ago, it has not been registered yet. However, it was locked properly to the bike rack with a very secure bike lock.

Joe Miller *(83 words)*

Part 2 – A Blog Entry: My Trip to Mars

Hinweis: Hier sollst du einen Blog-Eintrag über eine Reise zum Planeten Mars im Jahr 2050 in rund 150 Wörtern schreiben. Folgende Aspekte sollten in deinem Artikel enthalten sein:

- *wie du zum Mars gereist bist und wie die Reise war*
- *eine Beschreibung des Lebens auf dem Mars*
- *was du dort vermisst hast und was du nun auf der Erde vermisst*

Hier wird bei der Beurteilung deines Textes zwischen der inhaltlichen und der sprachlichen Leistung unterschieden. Du kannst maximal 9 Punkte im inhaltlichen Bereich und 9 Punkte für die sprachliche Leistung erlangen. Verwende gerne Fachbegriffe, die du aus dem Unterricht kennst.

Lösungsvorschlag

My trip to Mars

I've just come back from my trip to Mars and would like to tell you about it.
I travelled by rocket and the trip took about seven months one way. Being trapped in a small space for such a long time was a challenge, I can tell you! The whole trip was dangerous and nerve-wracking, but worth it. Being weightless in space and trying to eat was fun, but after a few weeks, I just wanted to arrive.
Life on planet Mars is very different to life on Earth: there is endless space with no human soul around. The temperature is freezing and you need to wear protective gear all the time when you leave the research station.
During my stay, I missed my family and friends desperately. However, now that I'm back in my city, I sometimes miss the solitude and the simple way of life. It was the experience of a lifetime, but I wouldn't like to go again.

(161 words)

**Lösungen zu den Aufgaben der
Realschulabschlussprüfung in Niedersachsen
Englisch 2022**

Um dir die Lösungen zur Prüfung 2022 schnellstmöglich zur Verfügung stellen zu können, bringen wir sie in digitaler Form heraus.

Sobald die Original-Prüfungsaufgaben 2022 freigegeben sind, können die dazugehörigen Lösungen als PDF auf der Plattform **MyStark** heruntergeladen werden (Zugangscode vgl. Umschlaginnenseite).

Prüfung 2022

www.stark-verlag.de/mystark